UNDERGROUND BEATLES

アンダーグラウンド・ビートルズ／藤本国彦＋本橋信宏

毎日新聞出版

アンダーグラウンド・ビートルズ

UNDERGROUND BEATLES アンダーグラウンド・ビートルズ　目次

UNDERGROUND BEATLES 1
オカッパくずし

UNDERGROUND BEATLES 2

ビートルズがいた街

UNDERGROUND BEATLES 3

黒と白のビートルズ

はじめに

本書のきっかけから書いておこう。

熱烈なビートルズ・ファンをビートルマニアと呼ぶ。私自身その1人なのだが、「オール讀物」武田昇副編集長（後の編集長）が香月利一というビートルズ研究家の一生を書かないかと伝えてきた。

世界初の『ビートルズ事典』を編纂し、来日したリンゴ・スターに結婚式の仲人をしてもらった人物である。

すでに地上から姿を消した彼の足跡をたどるために、関係者の証言を集めることになった。

2012年晩夏、文藝春秋会議室で、香月利一をよく知るフリーランスの女性編集者・原田英子と出会った。

原田さんは香月利一の旧友であり、『ビートルズ事典』の立案者だった。話を聴いているうちに、なぜか胸がざわついてきた。私が物書き稼業を始めたころ、とある編集部で時々見かけたミニスカートの女性編集者ではなかったか。

一言も話したことはなかったが、私は勝手に和製パティ・ボイドだと思っていた、あのときの彼女と32年目の邂逅だった。

原田さんはもう1人、懐かしい人物を口にした。落流鳥《おちるとり》という70年代から80年代にかけて、ビートルズの訳詞を手がけ、ビートルズといえば落流鳥というほどの売れっ子だった人物だ。いつしか彼の消息は途絶え、伝説上の名前になっていたが、原田さんは落流鳥の消息を知っているという。当時の彼を知る私は無理を承知で話を訊けないか原田さんに頼み込んだ（結末は本文に綴られている）。

私の取材は香月利一と以前、仕事をしたことがある人物、元「CDジャーナル」編集長の藤本国彦にもおよんだ。当時、藤本氏は編集者からビートルズ研究家に転籍したころで、新進気鋭の書き手だった。

私が取材し文章化したものは、「ビートルズに死す」というタイトルで「オール讀物」2012年12月号に掲載された。

この書き下ろしが縁になり、藤本氏が編集長の『ビートルズ・ストーリー』に何度か原稿を書かせてもらったり、原田さんをまじえて食事をしたりした。私が『上野アンダーグラウンド』『歌舞伎町アンダーグラウンド』といったアンダーグラウンド・シリーズを書いていたことから、話が弾み、藤本さんから『アンダーグラウンド・ビートルズ』という本はどうだろうと話がもちあがった。

なかば言葉遊びなのだろうが、私はジョン・レノンのように言葉遊びが嫌いではない。話はふくらみ、毎日新聞出版から出版される運びになった。本書における〝アンダーグラウンド〟とは、危険な話であり、埋もれた話である。

毎日新聞出版の会議室からは、ビートルズが1966年夏、公演した日本武道館が見渡せる、絶好のロケーションである。

私がビートルズを本格的に聴きだしたのは1970年秋。この年の春、ポールが脱退宣言して実質的に解散が決定してしまったので、タッチの差でリアルな追体験を逃したことになる。

1970年当時、深夜放送が盛んで文化放送「カム・トゥゲザー」をよく聴いていた。この番組は文化放送社員アナウンサー時代のみのもんたがDJをしていて、いつもビートルズを流してきた。『サージェント・ペパーズ・ロンリー・ハーツ・クラブ・バンド』が世に出て3年目だったこともあって、今よりはるかに『サージェント・ペパー』の評価が高く、ロックを芸術まで昇華させたとみのもんたが絶賛していた記憶がある。

私はかなり古くからビートルズを意識していたことに気づいた。1963年、小学1年生だった私は「少年サンデー」を毎週読んでいた。当時の少年漫画誌にはほとんどの漢字にルビがふってあったので、7歳の児童は自然に漢字を覚え、家でとっていた「毎日新聞」をところどころ読み始めた。ませた小学1年生だったのだ。

父が開いた「毎日新聞」1963年(昭和38年)11月20日夕刊に、〈サイドストーリー、人気爆発のビートルズ、ロンドン小西記者〉を発見したときだった。「毎日新聞」でビートルズが初めて紹介された歴史的記事である。

ビートルズの日本におけるレコード・デビューは1964年2月5日、ちょうど今年で60周年になる。

デビュー盤は「プリーズ・プリーズ・ミー」の予定だったが、「抱きしめたい」に急遽差し替えられた。もっともこれには異論があり、デビュー盤は「プリーズ・ミー」が予定通り発売されたという説がある。原田英子さんも、姉に買ってもらったのは「プリーズ・プリーズ・ミー」だったと自信をもって証言するのだ。地域によってデビュー盤が異なったのか……デビュー盤論争は今後の研究に期待することにして、日本レコード・デビュー、全米進出60周年を記念して本書は組まれた。

本書は、原田英子さんが音頭を取って始まり、毎日新聞出版・宮里潤氏が単行本化の重責を担った。

会議室に「毎日新聞」のバックナンバーのコピーが詰まれると、本書が毎日新聞出版から出された僥倖に言いしれぬ縁を感じた。

本書では、高円寺の「本の長屋」で「ビートルズ本のつくりかた」「ビートルズを読む」というイベントを企画・構成している安藤誠さんがデータ起こしを行なった。「イエロー・サブマリン」がレコーディングされ、ジョージがラヴィ・シャンカールと初めて会ったとされる日に出生した。私が気になっている「1人おかれた」人物を掘りおこす強い味方だった。

そして藤本国彦さん。

ビートルズ関連の映画、研究書、イベントなど、藤本氏の名前を見ないときはないくらい、もっか売れに売れている。豊富な資料・文献の研究、英国から印度まで歩き回り、収集してきた情報量等を考えれば当然であろう。最近、ますます1969年当時のジョン・レノンに似てきた。

本書に携わった方々に感謝したい。

本橋信宏

UNDERGROUND BEATLES 1

オカッパくずし

ビートルズ日本初登場は「オカッパくずし」

本橋　私がビートルズのＬＰを初めて買ったのが『ヘルプ！』と『サージェント・ペパーズ・ロンリー・ハーツ・クラブ・バンド』で、１９７０年のクリスマスイブでした。

でもそれよりはるか前、１９６３年秋にビートルズの存在は知っていたんです。小学1年生だった私は、「少年サンデー」を毎週買ってもらっていたんですよ。漢字にルビが振ってあるから、ある程度の漢字は読めるようになったんですね。そのころから活字中毒で、うちは「毎日新聞」を読んでましたが、私も好奇心から開いて、読める字を拾っている、ませた子どもでした。そのときに目にとまったのがビートルズの記事で、2面の外信面でした。ビートルズが当時、置かれた位置というのが、芸能・社会面ではなくて、外信面だったという事実から、ビートルズが事件であり現象だったことがわかります。

藤本　日本で初めて「ビートルズ」の名前が新聞記事として掲載された可能性が高いのは、「朝日新聞」の11月10日夕刊に掲載された海外情報のコラム。大村亨さんの『「ビートルズと日本」熱狂の記録～新聞、テレビ、週刊誌、ラジオが伝えた「ビートルズ現象」のすべて』

（シンコーミュージック・エンタテイメント／2016年）にはそう書かれています。「毎日新聞」は、それに続くものですね。いずれにしても、ビートルズのレコードが日本（東芝音楽工業）で出る前です。

本橋　なるほど。「毎日新聞」の記事で記憶に残っているのが、「ロンドン小西記者」という署名だったんですよ。

　ビートルズとロンドン小西記者というのがセットで記憶されているんです。でももしかしたら私の記憶違いかもしれない。他の名前だったかもしれない。とにかく、ロンドン小西記者という記事が果たして存在していたのか、それとも私の記憶違いなのか。今回、毎日新聞出版からビートルズの本を出せることになったのも何かの縁でしょう。ぜひとも〝ロンドン小西記者〟を検証してみたいんです。あと、私が記憶している節目節目に「毎日新聞」に載っていたビートルズ報道。たとえば、1971年、ビートルズが正式に解散する法的手続きをポールがとったときの記事。「素敵な4人組空中分解」というタイトル。この印象的なタイトル記事も発掘してみた

大村亨＝著『「ビートルズと日本」熱狂の記録〜新聞、テレビ、週刊誌、ラジオが伝えた「ビートルズ現象」のすべて』（シンコーミュージック・エンタテイメント／2016年）

東京・九段下、毎日新聞出版の会議室にて（2024年2月27日）

い。

藤本　まさに「アンダーグラウンド・ビートルズ」ですね。地下鉱脈を掘り当てることができたらすごいです。

毎日新聞出版会議室。

窓から日本武道館が見渡せる。

本書を書き下ろすには最高の場所に位置する。

会議室のテーブルに分厚いコピーの資料が置かれている。

宮里　「毎日新聞」は過去の紙面がデジタル化されていて、記事の見出しで検索がかけられるんです。そこで１９６０年代を中心に「ビートルズ」で探してみたところ、最初に出てきた記事がこれです。

＊〈サイドストーリー、人気爆発のビートルズ、ロンドン小西記者
マ王女も手拍子　聴衆の反応を新曲に織り込む　商標は「オカッパくずし」〉

本橋　ああ！　小西記者！　幻ではなかった。やっぱり小西記者だったんだ。これです、まさしく。よく発掘しましたね。

呂里　いえいえ。それより、何十年も前の新聞記事をくわしく覚えておられる本橋さんの記憶力がすごい。小西記者の名前を確認したときは思わず唸りました。

一応ジョン・レノンが死去する１９８０年まで範囲を広げて記事を探してみたのですが、ビートルズ関連記事が断然多いのは１９６６年、来日した年です。当時の盛り上がりぶりがよくわかって、そこも面白かったですね。

本橋　１９６３年10月13日、ロンドンで催された「サンデイ・ナイト・アット・ザ・ロンドン・パラディアム」という人気番組でビートルズをひと目見たさに、会場を取り巻いた少女たちの大群衆がすさまじいエネルギーだったので、メディアがこぞって報道して、このとき熱狂的ビートルズ・ファンのことを「ビートルマニア」と呼ぶようになった。ビートルズが

世界的になったきっかけは、1964年2月、アメリカの人気番組「エド・サリヴァン・ショー」に登場して、視聴率72％という驚異的数字をたたき出したのが有名ですね。

藤本　私も72％だと思っていましたが、NHKの「映像の世紀 バタフライエフェクト」のビートルズ特番（2023年6月と12月に放送）に関わったときに、実際の視聴率は40％で、7000万人が観たということを知りました。

本橋　そうでしたか。もしかしたら2回目の出演時の数字では？　どっちにしろ、すごい数字です。それで、イギリスにおいて人気が爆発したのは、「サンデイ・ナイト・アット・ザ・ロンドン・パラディアム」に出演したのがきっかけでした。ポールも「このときからすべてが変わった」と証言してますね。残念なのが、当日演奏した4曲、「フロム・ミー・トゥ・ユー」「アイル・ゲット・ユー」「シー・ラヴズ・ユー」「ツイスト・アンド・シャウト」の音源と演奏中の写真はあるんですが、肝心の動画がないんですね。番組も公式に録画保存していなかったとされています。当時、エンターテイメントの番組を歴史的価値から保存する、という意識が希薄で、NHKでも昔のドラマはあまり録画保存されていないですね。たまたま視聴者が家で録画していたのを、後でNHKが収集したものがあるくらいですから。

藤本さん、動画を観たことは？

藤本　ロンドン・パラディアムの映像は観たことがないです。1963年のこの時期は、シ

「毎日新聞」1963年（昭和38年）11月20日夕刊

ソ国務省顧問（ソ連問題担当）タイラー欧州担当国務次官補ら国務省高官と長時間にわたって会談し、事情報告を行なった。会談後の記者会見で同教授は今回のスパイ容疑事件を単なる〝でっ

い。捜索には実際に目を通してはいないが、軍事情報だとのことである。私は今回の逮捕がソ連側の下級官憲の誤ちによるものではないかとも考える。これからソ連を訪問しようという米国人にどう

エール大学のロシア・コーラス部主催の帰国歓迎会でコーラスに拍手を送るバーグホーン教授（右）（UPI）

【ダマスカス十九日AFP】ダマスカスの消息筋によると十九日朝、アレフ・イラク大統領はバグダッド滞在中のハフェズ・シリア首相、アフラク全バース党書記長らシリア要人と会談をしたと伝えられる。

【ニューヨーク国連本部二十日佐藤特派員】国連政治委員会は十九日「中南米諸国が中南米を非核武装地帯にすることについて研究を始めることを希望する」との決議案を賛成八九票（米国、日本を含む）反対なし、棄権一四票（キューバ、ソ連など）で可決した。この決議は本年四月二十九日、ブラジルなど中南米五ヵ国の首脳が「中南米諸国は核兵器ならびにその発射手段を製造し、受け取り、貯蔵し、実験することを禁止する協定を結ぶ用意がある」と宣言したことに基づいて、ブラジルなど十一ヵ国が提案したものである。キューバは中南米非核武装には賛成するが米国がパナマ運河地帯、プエルトリコならびに中南米にある米国領土に核兵器を置かないと

サイド・ストーリー

ロンドン　小西記者

人気爆発のビートルズ

マ王女も手拍子

聴衆の反応を新曲に織り込む

商標は「オカッパくずし」

「ビート族」に代わる「ビートルズ」なるものが、ヨーロッパ各国に登場してきた。震源地はイギリスの港町リバプール。ここに生まれ育った楽団「ビートルズ」ジョン（二三）ポール（二二）ジョージ（二〇）という三人のイキのよい歌手＝ギタリスト、ドラマーのリンゴ（二三）を加えた四人組がまきおこした人気のアラシである。

ビートルズは昨年夏ごろからレコードやテレビを通じて英国内はもとより、全欧州で人気をあげていったが、十一月四日夜、王室バラエティー・ショーという、英国ショー・ビジネスのヒノキ舞台に登場、エリザベス皇太后、マーガレット王女はじめ、十五ギニー（一万五千七百五十円）という入場料を払った上流社会のお客さんの拍手カッサイを浴びた。この夜「ツイスト・アンド・シャウト」の演奏が始まると、マーガレット王女がまず身をのり出して手拍子、足ぶみをはじめ、エリザベス皇太后までも思わず拍手をするほどだったという。リーダー格のジョンは、演奏をはじめる前「サジキのお金持ちでないお客さん、どうぞ手拍子をとって応援してください。ドレス・サークルのお金持ちの方々は、宝石でもジャラジャラさせていてください」とにくまれ口めいた口上を述べたが、ドレス・サークルの手拍子は、サジキに負けず劣らず盛大だったという。

当夜の入場券は約二万人の青少年が買いはぐれたといわれるが、演奏中も会場プリンス・オブ・ウェールズ劇場のまわりを千人もの少年少女がとりまき〝ビートルズを出せ〟と夜半まで叫んでいた。これまでも、ビートルズの公演は警察当局の頭痛のタネで、ニューカッスルでは前売券発売日の押し合いへし合いで三十人の少女が軽傷を負ったり失神したりしている。また先日ビートルズはスウェーデンを演奏旅行した際、ステージで熱狂したスウェーデン娘にハデに抱きつかれて〝話題〟を投げたが、その帰国に際してはロンドン空港に二千人のファンがつめかけて大混雑を起こし、警察は「ビートルズ作戦」を実施して、この群衆整理を何よりも優先させたため、スコットランドの選挙区に帰るダグラス・ヒューム首相の車も立往生する有様だった。

ビートルズ（BEATLES）の名前は、ビート族のBEATと、カブト虫のBEETLEをもじったもので、一九五八年ごろからリバプールで演奏をはじめた。最初は一週間五シリング（二百五十円）というタダも同然の出演料だったという。しかし、その後ハンブルクを中心に五回のドイツ演奏旅行で腕をあげ、やがて音楽学校出身のジョンと文才のあるポールが協力してポピュラー・ソングを自作自演するようになり、ガゼン人気コースに躍り出た。ビートルズの何よりの強味は、聴衆の反応をジカにつかんで、それを新曲にもりこむ「フィード・バック」が、他人にたよらずにできるというところにある。

英国内のビートルズ・ファン・クラブの会員数は、この五月、六千人だったのが、いまでは二万人。さらに加速度的に増加しつづけている。またヨーロッパ各国でもビートルズのレコードは売れ行きのトップ。「ビートルズのニューフロンティアはアメリカだけ。ここにもすぐ進出する」と関係者たちは鼻息が荒い。

英国ではこの現象を「ビートルズ狂時代」と呼び、高級紙デーリー・テレグラフなども社説で分析を試みている。「いまの青少年は時間と金をもてあましている。ビートルズはその安全弁である」という考え方から「青少年の夢や希望が、なかなかかなえられない現状で、かれらが自分たちの英雄として愛しているのがビートルズだ」というのまで、解釈はさまざまだが、妻子のあるジョンを除きみな独身。しかもみな中流家庭の出身で、教育も平均より少し高い程度というグループの社会的背景が、新しい〝若い大衆〟の好みにピッタリしている点は争えないようだ。

ビートルズはビート族とは違って、ヒゲはキレイにそっているが「オカッパくずし」とでもいうべき、奇妙なヘア・スタイルをし、またエリなしの上着を好んで着用している。これらが一種の商標で、この秋の婦人服スタイルにも影響を及ぼしている。

また、ドラマーを除く歌手三人が、互いに離れてそれぞれにマイクに向かい、身をふるわせながら絶唱する演奏スタイルは、ダンスにも影響し、ツイストほど動きが大きくない代わりに、何かの発作のように全身をふるわす「シェーク」という踊り方が流行しはじめている。ビートからビートルへ。ツイストからシェークへ——この潮流の先頭に立って、きょうもビートルズはゴキゲンで歌っている。「彼女は君が好き。イェー、イェー」

演奏会後、マーガレット王女と語る「ビートルズ」の4人

ングルの「プリーズ・プリーズ・ミー」「フロム・ミー・トゥ・ユー」に続いて「シー・ラヴズ・ユー」が予約だけで50万枚を記録し、166万枚を売り上げてイギリス国内の記録も作っています。こうしてイギリスで「ビートルズ旋風」が巻き起こったわけですが、レコード・デビュー後のライヴの全盛期としてみると、10月の「サンデイ・ナイト・アット・ザ・ロンドン・パラディアム」から12月にかけて、つまりアメリカに上陸する前の3ヵ月がピークだったんじゃないかと思います。

本橋　音源も、他のライヴが混ざっているものがあるというし。

藤本　当時は歌手やグループは、デビューして3年も持てば十分だったんでしょうね。1963年以前のライヴ映像がほとんど保存されていないのはそのためでもあったと思います。EMIスタジオでのレコーディングでも、「シー・ラヴズ・ユー」はマスターテープが破棄されたという、今では信じられないというか、「なんで?」と思えるようなことがあったわけですし。昨年（2023年）秋に出た〈赤盤〉（『ザ・ビートルズ／1962年～1966年』）のリミックス盤では、これまでに聴いたことがないぐらい音の広がりを感じさせる「シー・ラヴズ・ユー」に生まれ変わってましたが。

本橋　劇場を取り巻く少女たちは、他のメディアが取材して、熱狂的なビートルマニアたちの姿が記録されています。「毎日新聞」ロンドン支局の小西記者も当然、この加熱した人気ぶりをキャッチしたはずですよね。極めつけは1ヵ月後、11月4日に催された「王室バラエティー・ショー」にビートルズが登場したときでした。このとき、ジョンが、「お金持ちのかたは宝石をジャラジャラ鳴らしてください。そうでないかたは手拍子を」という歴史的ジョークを発してるんですが、小西記者がすでにこの記事で書いてますね。ビートルマニアの熱狂ぶりにあてられて小西記者が日本に打電したのでしょう。

藤本　日本での最初の報道こそ「朝日新聞」に先を越されましたが（同趣旨の記事を掲載）、ジョンの「宝石ジャラジャラ発言」を、日本でまだビートルズのレコードが出る前——言うなれば、まだほとんどの人が未体験だったビートルズのきわどいユーモア感覚を、1963年11月に記事として目にしていたというのは興味深いです。当時、どのくらいの読者に「ビートルズ」の名前が意識されたかはわかりませんが、それほどイギリスでの「ビートルマニア」がすさまじかったという証ですね。

本橋　たしかに。戦後初めて目撃する少女たちの熱狂ぶりがニュースにまでなったのでしょう。その熱狂の渦の中心にいた彼ら4人をどう呼ぶか、小西記者も言葉を探しているふうですね。記事では、「ビートル族」という新語が登場したり、「楽団ビートルズ」とも書いてる（笑）。〝音楽学校出身のジョンと文才のあるポール〟と書いてあるけど、このころはジョンとポールのどちらも作詩作曲をやることがわからず、「作詞ポール・作曲ジョン」といった解釈になっています。1963年は、ビートルズの名前ですらよく知られていない時代であり、レノンもマッカートニーも「誰それ?」という……。〝ロンドン小西記者〟は記憶していた通りだったけど、これ(笑)〝オカッパくずし〟は記憶にないです。当時、彼らの髪型はキノコの形状から、〝マッシュルーム・カット〟と呼ばれていましたが、〝オカッパくずし〟という造語は初めて知りました。1963年当時、オカッパくずしという髪型があったんでしょうか?

藤本　初めて聞きました。オカッパよりもちょっと長くて、ちょっと崩してる、みたいな感じですかね。言葉の響きが最高(笑)。これを商標登録したらよかったのに。ビートルズといえばオカッパくずし、オカッパくずしといえばビートルズ、みたいな。

本橋　ハハハハハ。あらためてビートルズは音楽よりもまずは髪型とファンの熱狂ぶりが際立って、社会ネタとして報じられた、ということが伝わってきますね。4人編成のバンドがそれぞれマイクに向かって歌う形式がまだ日本人には珍しくて、〝ドラマーを除く歌手3人が、互いに離れてそれぞれにマイクに向かい、身をふるわせながら絶唱するスタイル〟とも書いています。ツイストがこの前年に大流行した余波で、1963年当時も流行っていたんですが、ビートルズの出現で〝何かの発作のように全身をふるわす「シェーク」という踊り方が流行し始めている〟と書かれていますね。1963年放送の「レディ・ステディ・ゴー」で

プリンス・オブ・ウェールズ劇場の前で、
新聞片手に「王室バラエティー・ショー」
の開演を待ちわびる「ビートルマニア」
（1963年11月4日）
©Photo by John Rodgers/Redferns

ビートルズが「アイル・ゲット・ユー」を演奏しているときに、スタジオの観客の何人かが小刻みに身体を震わすダンスをしてますね。

藤本　これは海外も日本も同じですが、当時の音楽番組を観ると、流行や世相がわかって楽しいんですよね。古い映画の町並みを見ると、今の渋谷はどうなってるんだ？　と思ったりしますが、ビートルズの髪型も、今見たら、「あれで長髪なんてちゃんちゃらおかしい」と思ってしまいます。それにしても、いい記事ですね。

本橋　小西記者は、ビートルズ誕生の歴史的瞬間を現地で目撃できた幸福な記者だったともいえますね。小西記者も普段は政治・経済ネタを追っているんでしょうが、この記事では、ビートルズというまったく新しいタイプの若者たちの熱気に乗ってるかのように、文章もノリノリです。最後は「シー・ラヴズ・ユー」を引用して終わってますよ。〝きょうもビートルズはゴキゲンで歌っている。「彼女は君が好き。イェー、イェー」〟

小西記者とは

小西昭之（こにし あきゆき、1931年4月7日－1994年8月1日）

「毎日新聞」記者。長野県出身。長野県松本県ヶ丘高等学校、東京大学教養学部教養学科卒業後、1955年毎日新聞入社。ロンドン大学政治経済大学院で学ぶ。外信部記者、ロンドン特派員を経て、北米総局長、外信部部長を歴任。

おもな著書・訳書に、

『大英帝国は二度死ぬか（特派員の目）』（毎日新聞社／1976年）

『昨日の英国・明日の英国（異文化を知る一冊）』（三修社／1983年）

『CIAの逆襲―ドキュメント「パーレビ復権」イラン1953年』（カーミット・ルーズベルト＝著／毎日新聞社／1980年）

『消された飛行艇』（ロナルド・W・ジャクソン＝著／毎日新聞出版／1981年）

公演旅行の夜はサティリコンだった

会議室の机に置かれたコピーの束。
その中から1枚、抜き出す。

本橋　あー、あった！　これもよく見つけましたね。「〝素敵な四人組〟ついに空中分解」（1971年（昭和46年）1月4日朝刊）。

私が記憶していたのは「素敵な四人組空中分解」でしたが、〝ついに〟という副詞が入ったものでした。この記事は私が中学2年の3学期、まさに中2病発症の最中です（笑）。一気にあの当時にタイムスリップしました。ビートルズ解散が決定的になったときの記事です。書き手は、1963年の「オカッパくずし」を書いた小西記者です。

小西記者、一時期ロンドンを離れたときがあったが、ビートルズ誕生から解散までを現地でつぶさに目撃した、貴重な証人でもありますね。

藤本　本橋さんのとてつもない記憶力に導かれてやって来た小西記者、「ビートルズと日本」

「毎日新聞」1971年（昭和46年）1月4日朝刊

〝素敵な四人組〟ついに空中分解

ポールのビートルズ解散訴訟

ロンドン3日小西特派員

六〇年代のグループ・サウンズの大御所「ビートルズ」が、名実ともに空中分解しようとしている。四人組のうち作曲にすぐれた才能を発揮したポール・マッカートニーが、ほかの三人を相手どって「ビートルズ解散、財産の公正な配分」の訴えを起こしたからだ。この四人、すでに長いこと共同の製作活動はしていないが、ファンの間にはやがてはよりが戻って〝第二の黄金時代〟がくるのでは……といった期待もあっただけに、この裁判ざたは大きなショックを与えている。折りも折り、滞米中のジョン・レノンは、ポップ雑誌にビートルズの内容や仲たがいの原因などについて暴露的なインタビュー記事を許した。

全盛期の41年6月29日、来日して記者会見する左からジョン・レノン、ポール・マッカートニー、ジョージ・ハリソン、リンゴ・スター（東京ヒルトンホテルで）

リバプールの裏町に生まれ、ハンブルクで〝修業〟したビートルズが英国の若い世代の心をとらえたのは六二―三年ころ。その後米国演奏旅行で大成功をおさめて世界的な人気を博し、六五年にはエリザベス女王から勲章を授けられた。その人気の秘密は、彼らが演奏家であると同時に作詞・作曲も自前でやり、聴衆の反応を作品にとり入れて、巧まさる〝聴衆参加〟演奏活動をやったからだ、とされている。

六七年には法人としての「ビートルズ・アンド・カンパニー」を結成「サージェント・ペッパー・アンド・ローンリー・ハーツ・クラブ」というレコードを発売、グループ・サウンズの古典とまで激賞された。「ハード・デーズ・ナイト」「黄色い潜水艦」「レット・イット・ビー」などの映画も製作、ロンドンの繁華街サビロ・ローに「アップル社」を構えた。六六年訪日して武道館で演奏会を開き、熱狂的声援を受けたのも日本のファンの記憶に新しい。

だが、名声と甘い生活は四人のチームワークをむしばんだ。法人結成後間もなく、グループとしての四人そろった演奏会やレコードの吹込みは下火になり、ここ一年半ぐらいは全くなくなった。七〇年四月、ポールが「ビートルズはもう終わりだ。みんなバラバラで元には戻らない」と爆弾発言を行ない、自作の曲を自分で歌った〝ワンマン・レコード〟を売出したのをきっかけに、それまでおとなしかったジョージ・ハリソンもリンゴ・スターも争って〝自分のレコード〟を発表。ジョン・レノンはすでに日本人妻の小野洋子さんと共同で、いくつかのレコードや前衛映画を発表しているので、四人がそれぞれにわが道を踏出した感じとなった。「四人がまた集まれば、一段と楽しめる音楽が生まれるだろう」と期待するファンもあったが、ポールの訴訟はその一筋の望みも断ってしまった。

「ビートルズ裁判」はおそらくこの春ごろと予想され、演奏会場や吹込み室では顔の合わない四人が、法廷に顔をそろえるという皮肉なことになりそうだ。ポールが裁判に勝てば、現在四千五百万㌦といわれる「法人ビートルズ」の資産は適当な管理人を立てて四人に分配されることになるが、ポールはその前にビートルズ資産内容と四人の間の貸借関係などについて、第三者の調査が行なわれるよう要求しており、英国のファンたちは「すてきな四人組」のあまりにもさめ切った友情に、いまさらのように驚いている。

暴露合戦も始まる

原因はお金？ヨーコ《小野洋子》？

みごとなアンサンブルがなぜこうももろくくずれ去ったか―。最大の原因はやはり金銭問題とみられている。ビートルズが売出したカゲには、マネジャーのブライアン・エプスタインという才人の活躍があったが、この男が急死し、ポールはそのあとを自分の義父にまかせようとはかったが、ほかの三人が反対し、結局「法人ビートルズ」のマネジャーにはクラインという人物が迎えられた。それ以来ポールは、アップル社の建物に寄りつかず、ビートルズの司令部ともいうべきこの建物は、小野洋子さんとの結婚後、目立って活動的になり、ベッドインや「世界の首脳にどんぐりを贈る運動」など〝独創的〟な平和運動を展開するジョン・レノンの事務所みたいになっている。

一方、ジョージは、相変わらずインド哲学にこり、リンゴは最近本格的三枚目として映画界にデビューするなど、アップル社のことはジョンにまかせきりといった形。勢いその運営にはジョンと〝一心同体〟の小野洋子さんの発言力が強まる。ポールが〝法廷闘争〟に乗出したのは、そんな不満がこうじたためというのである。

ポールは昨年四月「かつては四人の一人々々にとって、ほかの三人がだれにもまして大事だったが、いまやジョンはヨーコをわれわれよりも大事に思っている。だから……」と語った。ジョンも負けてはいない。米国のポップ雑誌「ローリング・ストーン」の最新号のインタビュー記事の中で「仲間割れしたのはポールがエプスタインの死後リーダー顔をしてみんなを支配しようとしたからだ―」と逆襲。さらに「三人は仲間がいもなくヨーコを侮辱した。リンゴ夫妻はその後態度がよくなったが、あとの二人は女房ともども私たちにひどい仕打ちをした」とカンカン。

ジョンはこのインタビューで、昨年仲間の三人がだした「ワンマン・レコード」について、ポールのものは「ガラクタ」、ジョージのは「ボクだったら夜中にあんな演奏はしない」とクソミソ。だがそれより重大なのは、ビートルズの全盛時代に彼らが「麻薬を吸ったり、旅先では乱交パーティーばかりやっていた。しかし、公衆の前ではしかるべくふるまい、清潔なイメージをとにかく守り通した」と暴露戦術に出ていること。

七一年の到来とともに、ビートルズはこうしてその〝名曲〟のタイトルのように「イエスタデー」のものとなろうとしている。

ジェット機汚染　初日に百機摘発

ロス周辺の規制

【ロサンゼルス二日時事】米カリフォルニア州では、一日からジェット機による大気汚染に対してこれまでより一段きびしい規制法が施行され、ロサンゼルス周辺のロサンゼルス国際空港、ハリウッド・バーバンク空港の二ヵ所では、一日だけで百四機の新スモッグ規制法違反が摘発された。

この新しいジェット機汚染規制法は「法律で規制された一定量以上のスモッグを十秒以上排出したジェット機」を取締まるもので、ロサンゼルス大気汚染監視局（APCD）の係官が空港滑走路近くで離陸するジェット機を監視、ひどい煙を出すものをチェックした。APCDでは四日に処分を決定するが、確定すれば一件につき五百㌦の罰金が科せられる。

なお日本航空は規制にひっかからなかった。

西独でピカソの絵など20点盗難

【ミュンヘン二日AFP】ミュンヘン警察当局は二日夜、同地の個人コレクションから、ピカソ五点、その他の作品十五点の絵画（時価一億八千万円）が盗まれたと発表した。盗難はコレクションの所有者が留守をしていた十二月三十日から元日の間に起きた。

きょうの天気

東京など関東南部できのうは予想外の雪に見舞われたが、きょうはよわい冬型にもどる。日本海側は雪、太平洋側は晴れてくるが日中もまだ寒い傾向は残りそう。海上は波がやや高いだろう。

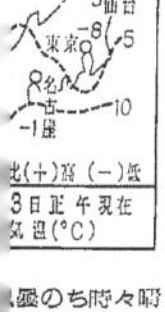

北(+)高(−)低

3日正午現在気温(°C)

曇のち時々晴
雪が降る
の風曇時々晴
風曇のち雪
晴時々曇北部雪
風曇のち晴
風やや強く曇
風曇一時雨か雪
風曇時々晴

を語るうえで欠かせない重要人物ですね。「ミュージック・ライフ」の編集長だった星加ルミ子さんは、1965年以降、ビートルズや他のイギリスのミュージシャンの取材で69年までイギリスやアメリカに頻繁に足を運んでいましたが、ロンドンでビートルズを取材するときにポールに会うと「ロンドンに住んでるの？」とよく聞かれたそうです。小西記者も、「ロンドンのビートルズ」と深い関わりがあったわけですね。

本橋　おそらくビートルズと最も近距離にいた日本人に間違いないです。ポールがビートルズ脱退を公言して、70年の大晦日には他の3人を相手どって解散訴訟にいたった。この時代は4人にとって最悪の時代でした。お互い非難の応酬、ここまで言うか、というくらい。

記事見出しの〝素敵な四人組〟というのはビートルズを語るときにしばしば登場する造語で、本国イギリスでは“Fab Four”“Fabulous Four”（素敵な4人組）と呼ばれていることからきていますよね。

1971年はビートルズの解散が事件になるほどの存在になっていました。それまではポールが脱退宣言しただけで、バンドは解散するかどうか五分五分といった可能性でした。ポールが「戻る」と言えば済むわけですから。「毎日新聞」のこの記事でも〝四人がまた集まれば、一段と楽しめる音楽が生まれるだろう〟と、よりを戻す可能性があることを指摘しています。私を含めてそのころ大半のファンがそう思っていたはずです。

藤本　まだインターネットのない時代でしたし、ある意味のどかな時代でもあったので、現在よりも情報が少ないし、届くのも遅いし、不正確な内容がたくさんありましたよね。今にして思えば、ですが。その分、情報に良くも悪くも踊らされるということもありましたが、妄想力は間違いなく鍛えられたと思います。ビートルズを語るのに重要なのは妄想力。「妄想こそすべて」だと、妄想ではなく思ってます（笑）。

本橋　当時は、ビートルズの動向に一喜一憂する日々でしたね。このときは、「毎日新聞」朝刊に裁判の記事が載った時点で、かすかな希望だったビートルズ存続の可能性が霧散してしまった。記事を読んでみたら、衝撃的なことが書かれていました。

〈ジョンはこのインタビューで、昨年仲間の三人がだした「ワンマン・レコード」について、ポールのものは「ガラクタ」、ジョージのは「ボクだったら夜中にあんな演奏はしない」とクソミソ。〉ここまで言うか（笑）。

藤本　毒舌ジョンの真骨頂ですね。

本橋　ですよね。ワンマン・レコードとは今でいうソロ・レコードのことですね。ここでジョンが貶《けな》したポールのワンマン・レコードとは『マッカートニー』（1970年）のことですね。ジョージのは『オール・シングス・マスト・パス』（1970年）。ここには載ってないけど、リンゴのワンマン・レコード『カントリー・アルバム』だけは、誉めていたのは記憶してるんですよ。

「毎日新聞」のこの記事でも、ジョンが〝「三人は仲間がいもなくヨーコを侮辱した。リンゴ夫妻はその後態度がよくなったが、あとの二人は女房ともども私たちにひどい仕打ちをした」とカンカン〟とあります。

藤本　解散間際は、アラン・クラインがビートルズのビジネス・マネージャーになり、ジョンとヨーコを味方につけ、そこにジョージとリンゴが従った。対してポールは、妻リンダ（1969年3月に結婚）とリンダの父と兄を頼った。こうして「3対1」の関係が生まれて、それがずっと尾を引くわけですが、ジョンはジョージに対して、最初からずっと弟分というよりは子分のように、かなり下に見続けていましたね。ジョージの曲もあまり手伝わなかったし。「ビートルズの妻」に関しては、リンダはヨーコとはウマが合ったみたいですね。90年代にも会ってますし。2021年11月にディズニープラスで公開開始となった映画『ザ・ビートルズ：Get Back』（監督はピーター・ジャクソン）を観ると、ヨーコよりもリンダのほうがよほどコワイ、という強気な場面が出てきます。たぶん、監督のマイケル・リンゼイ＝ホッグと相性が悪かったんだと思います。

本橋　意外ですね。この時期、ジョンの精神はかなりバッドで、常用していたヘロインの影響もあって、ネガティブ思考でした。ポールはもちろんジョージにまで悪印象をもっていたことが伝わってきます。

さらに中2の私を打ちのめしたのがこの記述。

〈ビートルズの全盛時代に彼らが「麻薬を吸ったり、旅先では乱交パーティーばかりやっていた。しかし、公衆の前ではしかるべくふるまい、清潔なイメージをとにかく守り通した」〉

「毎日新聞」の紙面に〝乱交パーティー〟の文字が躍ったのはこれが最初で最後でしょう（笑）。

中2の私はショックを受けましたよ。感受性の一番強い年齢で、チェリーボーイだったけど、〝乱交〟の意味はなんとなく知ってました。愛のない100パーセント遊びの複数の女性と男性がセックスする、退廃的な性行為、みたいな受け止め方でした。そんなに違っていないと思うけど。

ジョンもポールもジョージも不潔だよ！　リンゴも！　みたいな感情になりましたよ。

藤本　本橋さんの口癖といえば「チェリーボーイ！」（笑）。

本橋　童貞の隠語ですよ。ジョンの発言は、この時期の「ローリング・ストーン」誌上でのインタビューですね。「ビートルズの公演旅行は『サテュリコン』だった」と暴露してます。

「サテュリコン」とは映画の題名で1970年上映、フェデリコ・フェリーニが監督してます。

ローマ帝国皇帝ネロの時代、退廃の極地にあったローマが舞台で、人々は快楽のみを追い求める生活に明け暮れていた、酒池肉林の話です。ジョンもこの映画を観たばかりなのか公演旅行の夜、ホテルでメンバーたちが繰り広げた乱交パーティーを映画タイトルで暴露してます。返す刀で、ビートルズ公式伝記『ザ・ビートルズ』を「くだらない、でたらめです」とぼろくそに貶しています。しばらくして著者のハンター・デイヴィスが後出しジャンケンみたいに、「いや、実は私も彼らの夜ごとの乱交を知っていたんだ。文章でそれらしきことを暗示して書いている」と発言してます。伝記における意味あり気な記述は要注意ですね。真実が埋もれてる。

藤本　ハンター・デイヴィスの『ザ・ビートルズ』（小笠原豊樹・中田耕治＝訳／草思社）は、ビートルズの「現役時代」（１９６９年）に出た伝記としての価値は高いと思いますが、「書けない話」もさすがにたくさんありますよね。

本橋　ジョンのインタビューでは、〈「オーストラリアでもどこでも、とにかく『サティリコン』なのです。『サティリコン』のなかに４人のミュージシャンがいるのを想像してもらえればいいのです」〉と発言している。『回想するジョン・レノン』――以前のタイトルは『ビートルズ革命』（片岡義男＝訳／草思社／１９７２年）に書かれてます。「どこへいっても、その

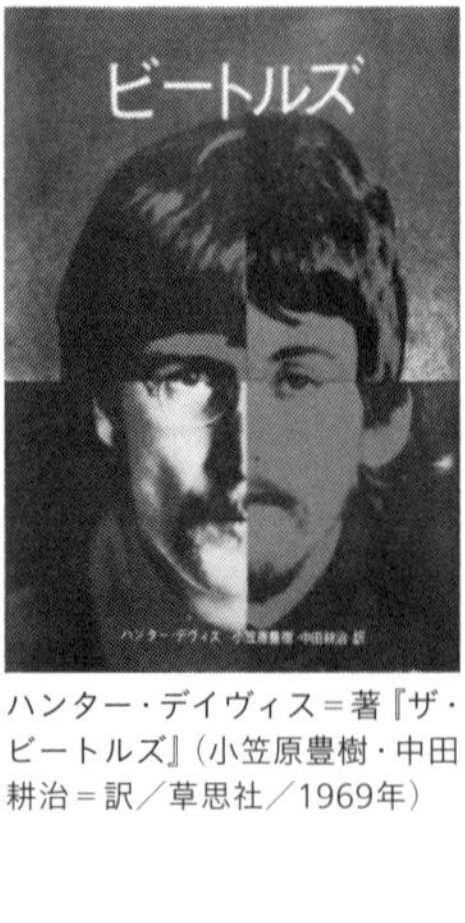

ハンター・デイヴィス＝著『ザ・ビートルズ』（小笠原豊樹・中田耕治＝訳／草思社／1969年）

ような状況がありました」。4人が相手にした女性はもっぱらグルーピーでした。「グルーピーが手に入らなければ、娼婦でもなんでも、手に入るものでやっていたのです」と。このとき、私はかなり本気でビートルズ・ファンをやめようかと悩みました。純情な少女のような受け止め方でした。今なら、しょうがないよな、旅先ではずっとホテルにカンヅメになってたんだから、そりゃストレスも溜まるだろうし、って大人の対応をするんですが。当時、4人は20代前半、性欲も盛んなころだから致し方なかったんでしょう。その逆に少女たちからしたら、あの4人を食べちゃいたい！ と願った人数は数え切れないほどいたのだから。

藤本 ミュージシャンになるのは「もてたい」から、ということをよく聞くし、追っかけすぎるファン（グルーピー）が「スター」に群がる、という図式がその一方であるということですね。1964年まではジョンが唯一の既婚者だったので、結婚していることを公にしてはいけないとマネージャーのブライアン・エプスタインから言われていましたが、1964年の「エド・サリヴァン・ショー」で「ごめんね、彼は結婚してるんだ」というテロップが出たのは有名な話。ビートルズの歴史も含めてパロディにしたラトルズのドキュメンタリー映像では、ドラムのバリー・ウォムが「婚約している」という設定になっていて、それはそれで面白かったです。

追っかけすぎるファンの中から相手を選ぶ役を務めたのは、もっぱらロード・マネージャーのマル・エヴァンスだったようですね。マルの話はまたあとですることになると思いますが、マルの日記を元にまとめた書籍『Living the Beatles Legend: The Untold Story of Mal Evans』が2023年11月に出版され、マニアの間で話題になっています。その本には、相手を選びながらマルもかなり手を出したことが書かれていますね。

本橋　ビートルズの映画『ア・ハード・デイズ・ナイト』（邦題『ビートルズがやって来る ヤァ！ ヤァ！ ヤァ！』／1964年公開）と『ヘルプ！』（邦題『ヘルプ！ 4人はアイドル』／1965年公開）を撮ったリチャード・レスター監督の伝記『ビートルズを撮った男　リチャード・レスター』（アンドリュー・ユール＝著、島田陽子＝訳／プロデュース・センター出版局／1998年）は、本格的な評伝で読み応えがあるんですが、ここに「ア・ハード・デイズ・ナイト」撮影中に、出番のないビートルズのメンバーたちに休憩室のトレイラーで8ミリ映写機にポルノ映画数本を観られるように気を配った、という記述があります。さらに、〈現場でエキストラを演じた若い女性たちがひそかに声をかけられてトレイラーに連れられていき、その場かぎりの相手をさせられた〉と書かれています。

この〝エキストラ〟というのは、映画序盤で列車の中でビートルズが「恋する二人」を演奏

Kenneth Womack＝著『Living the Beatles Legend: The Untold Story of Mal Evans』（Dey Street Books／2023年）

しているとき、キャアキャア騒ぐ制服姿の女子高生役ですね。みんな可愛い。それにしてもこういう記述を知ると、少女たちとの列車のシーンが、素直に観られなくなりますね。
藤本　「ビートルズと女」をテーマに、ゆうに一冊書けますね。
本橋　藤本さん、書いてくださいよ。女子生徒役の1人が、後にジョージと結婚するパティ・ボイドです。ジョージがパティ・ボイドと結婚したのも、実はこのトレイラーでのセックスにパティが参加していなかったことが大きかった。とにかく中2の私にとって、〝乱交パーティー〟記事はきつ過ぎた。ビートルズも人間だったと懐深く受けとめられなかった。
藤本　「ビートルズも人間だった」というのは、最近だと、大リーグのドジャースの大谷翔平選手が結婚したときに使われた「大谷も人間だった」と、逆の意味で重なりますね。「オオタニさんは、まさか結婚しないと思っていた」と。私は日本ハムに入団したときからのファンで、オオタニさんが出る試合は欠かさず観ているんですが、なんでここでオオタニさんを引き合いに出したかというと、大谷選手とビートルズはよく似てるなあと思うからです。どっちもすごいことをいとも簡単にやってしまうし、いつも楽しそうに見えるし、一挙手一投足を見るたびにワクワクさせられるからなんですよね。だから、ことあるごとに、「大谷翔平＝ひとりビートルズ説」を伝えたりしてます。もしかしたら、私は、ビートルズよりもオオタニさんを「追っかけすぎるファン」なのかもしれませんが（笑）。

本橋　いや、大谷はすごいです。彼が日ハムでデビューしたとき、栗山監督以外のほぼ9割がたが二刀流に大反対でした。投手と打者は練習方法も調整法も違うし、使う筋肉も違うから、二刀流を言うやつはド素人だってことでした。数少ない二刀流支持派は落合博満くらいでした。「二刀流大賛成。打つほうも投げるほうも、どちらかを止めたら、どっちもダメになる気がする」って落合、証言してますよ。さすが。天才は天才を知る、です。たしかに投げるほうが調子を落としても、打つほうで調整することができる。その逆も。落合は日本シリーズで8回まで完全試合やっていても替えるくらいだから、パフォーマンス嫌いだと思っていたけど。「二刀流は見てて楽しい」と言ってますよ。ビートルズも二刀流ですよね。作詩作曲やって、演奏する。デビュー時に、プロが作曲したもっと売れ線の曲をやれ、って言われても断固拒否して、デビュー時から自分たちの楽曲で勝負した。ビートルズ・マニアはそんな二刀流のビートルズを支持したわけです。

ところで小西記者、この記事でも、最後にビートルズ・ソングを引きだして終わりにしてます。〈七一年の到来とともに、ビートルズはこうしてその〝名曲〟のタイトルのように「イエスタデー」のものとなろうとしている〉

1963年の記事では、「シー・ラヴズ・ユー」をラストのオチにしてますから、ビートルズ・ソングでのオチは小西記者の芸風になってますよ（笑）。

『アビイ・ロード』ジャケット表と裏の怪

本橋　他にも「毎日新聞」で思い出すのは、『アビイ・ロード』が発売された１９６９年秋の記事です。たしか日曜版のコラムにビートルズの新ＬＰ『アビイ・ロード』が紹介されて、「なんだかんだ言っても、さすがビートルズ。今度の『アビイ・ロード』も、わるくない」、といった文章を読んでるんです。世界中で最も知られた写真ベスト10の上位に入るだろう、あの『アビイ・ロード』横断歩道のジャケット。あれがコラムに載っていて、横断歩道を整然と渡るファブ・フォーが印象的でした。それまであんな写真、見たことなかったから。

勝本　『アビイ・ロード』のジャケット写真は、４人の足並みが見事に揃った、奇跡的な構図になったということも含めて、よくぞあの場所を選んでくれたと思います。もともとエベレストまで行こうとか、いくつか案が出たところ、たぶん面倒くさくなったんでしょう。スタジオの前の横断歩道を渡

ビートルズ『アビイ・ロード』（1969年）

ればいいじゃないかと。最初のアルバム『プリーズ・プリーズ・ミー』のジャケット写真はEMIの本社ビルで撮影され、実質的な最後のアルバム『アビイ・ロード』はEMIスタジオの前の道路で撮影されるというのもまた、因縁めいているというか、面白い繋がりですよね。

本橋　たしかに。

藤本　今は普通に「アビイ・ロード・スタジオ」と言っていますが、当時はずっと（アビイ・ロードにある）EMIスタジオと呼ばれていました。『アビイ・ロード』が出て、それが名盤だったからというのもあると思いますが、70年になってから「アビイ・ロード・スタジオ」と呼ばれるようになったようです。私が初めて横断歩道を渡ったのは、1988年7月19日のこと。母と伯母と一緒に行った初のロンドン、ビートルズゆかりの旅でした。今みたいに便利なGoogle Mapなどはないので、『the Beatles' England』（CBSソニー出版／1982年）や『地球の歩き方』のロンドン編などを頼りに、まずは最寄りのセント・ジョンズ・ウッド駅へ向かいました。そのまましばらくまっすぐ歩いて行くと、「T字路」のような道路が前方に見えてきて、右手に視線を送ると、人だかりと横断歩道が視界に入ってくるんです。

本橋　やっぱり人がたくさんいるんですね？

藤本　ええ、横断歩道が目の前に迫ってくると、やっぱり「おおー！」と何とも言えない気

右手に見えてきたアビイ・ロード・スタジオ（2017年10月17日撮影）

アビイ・ロード・スタジオ（2017年10月17日撮影）

持ちになりました。何と言っても、レコード・ジャケットで何度も目にした『アビイ・ロード』の横断歩道ですからね。しかも、横断歩道の左手のほんのちょっと先には、やはり写真で見慣れた「アビイ・ロード・スタジオ」もあるのだから、そのわくわく感は、いつ行っても変わらないものがあります。

本橋　なるほど。実際にそこに立ってみないとわからない空間の位置関係ですね。横断歩道の撮影は、世界中から観光客が来て、写してますけど、順番待ちとかあるんですか?

藤本　横断歩道の前に人が立ったら、車は止まらなければならないという規則があると、これは後になって聞きました。ぐずぐずしているとクラクションを鳴らされたりしますが、ジャケットみたいに4人揃って撮るのは、至難の業——とまでは言いませんが、あそこまできれいにはなかなか撮れないと思います。撮る人も、道路の中央に立たないといけないから、決して安全ではないですし。順番は、「行ったもん勝ち」みたいなところもありますが、こういうときには、人ぞれぞれの「性格」が出ますね（笑）。

本橋　歩道の向こうに小さく写っている中年男性のプロフィールも明らかにされてますね。『アビイ・ロード』のジャケットに小さく写っていただけで世界中に知られてしまった。ケネディ暗殺事件で、ダラスの現場にたまたま居合わせて歴史的人物になってしまった目撃者みたいに。

藤本　偶然は偶然じゃなくて必然、なんて言う人もいますが、たまたま、というのがいいんですよね。その男性も、たまたまそこにいた。ビートルズにしたって、たまたまどこかで耳にしてのめり込んだ、なんていう人は世界中にたくさんいるでしょうから。そういえば、2度目のイギリス行きは、2008年6月1日にリヴァプールのアンフィールドでポールのコンサートを観たときでしたが、『アビイ・ロード』のジャケットに写っている中年男性と同じあたりに立っていたところ、地元のおじさんに「ショーン・レノンに似てる」と言われたのを思い出しました。ジョンじゃなくてショーンなんだ、と（笑）。

本橋　ナイス（笑）。1969年秋、というと私は13歳、中学1年生で、両親は共稼ぎで、週休1日制でしたから、日曜日は午前中遅くまで寝てたんですね。私はすでに起きていて、投函された「毎日新聞」朝刊を一番手で読んでたんです。「毎日新聞」日曜版は、昔から由緒ある紙面で、宇野千代『生きていく私』が発表された紙面だったし、最近では宇野千代を慕う直木賞作家・山田詠美が、大好きな宇野千代と同じ紙面に書ける、という喜びを素直にあらわして、『私のことだま漂流記』を出してます。これがとても良かった。

私が読んでいた1969年には、有馬頼義の「原点」という連載が載っていたんですね。小説とエッセイがミックスされたもので、とてもユニークなものでした。ニュージャーナリズムの先駆けかもしれない。帝銀事件を知ったのも有馬頼義の「原点」がきっかけでした。

「原点」が終了して次の連載が、五木寛之の「ゴキブリの歌」という、今から見たら、超豪華なバトンタッチでした。五木さんも連載を始めるにあたって、「原点」が力作だったので、その後を継ぐ私は緊張しているといったような言葉を書いていたのを記憶してます。そういう印象深いときに読んだのが新作『アビイ・ロード』のコラムでした。「オカッパくずし」の記事よりも、掲載時期がはっきりしているから、すぐ探せると思います。

宮里　わかりました。

——数日後。

宮里　検索の結果ですが、それらしき記事が見当たらないんです。

本橋　なんと？　私の記憶では1969年9月。『アビイ・ロード』が発売されてから1ヵ月以内のはずですが。

宮里　もう少し幅を広げて調べてみます。

——翌週。

宮里　検索かけてみたんですが、それらしきコラムが見つかりました。ただし9月ではなくて11月25日です。おそらくこれだと思うんですが。

本橋　ああ。文章はたしかに記憶がありますね。でも日曜版じゃなかったんだ？　私の記憶違いか。この記事、平日ですよ。

宮里　そうですね。

藤本　『アビイ・ロード』は、レコードの帯には「全世界同時発売‼」と書いてありますが、同時ではないですね。イギリスは9月26日、日本は10月21日発売でした。

本橋　あの帯コピーはフェイクだった⁉　1ヵ月、日本が遅かった。文章はたしかにこれだと思います。

〈レコード・ガイド　11月のポピュラー〉ビートルズの最新作　バカラックの魅力も　◇ザ・ビートルズ／アビイ・ロード

ビートルズの最新作だが、やはり見落とせぬ今月の秀作である。今回はジョージ・ハリソンの作曲面における進境に目をみはった。とくに「サムシング」という一曲は、独創的で美しい。（油井正一）〉

藤本　書いてるのは、油井正一さんなんですね、ジャズ評論の大御所ですが、60年代は、いわゆるロック評論家ではない方がビートルズについて書くということがまだ多かった。ジョージ・ハリスンではなく、ハリソンっていうのもいいですよね。今は「ハリスン」が多いんですけど、当時はハリソン表記が多かったように思います。ハリスン・フォードじゃな

党」、勝プロの「座頭市と用心棒」、そして彼女にとって初舞台になる来春の芸術座「雪国」と、このところ映画、テレビ、舞台に大忙しだ。

「私は映画でも時代劇は少ないし、テレビ時代劇がこんな本格的なセットでとっているとは知らなかったので実はちょっぴりまごついています。映画二本とテレビの大作。それに舞台とお仕事が重なったのは、みんなそれぞれいい作品なので乗気になったからで、正直にいってうれしい悲鳴をあげているところ。テレビが終わったら

「戦国艶物語」でお市の方にふんした若尾文子（朝日テレビで）

っても、打
総務関係の
典型だし、

力は人柄示す

て、浮き沈
婿をきめる
親がその
て、一緒に
む習わしが
相者の若者

が、マージャンを打っている間に自然とにじみ出る人柄を、娘の父親がよく観察するためであったかもしれない。

やはりむかしの中国で、ある宰相に五人の息子がいた。また ある大将軍に一人の娘がいて、五人のうちだれか一人を選んで婿にすることになっていた。大将軍は使いを出し、五人の息子の様子を観察させた。使いは帰って、次のように報告した。息子のうち四人は職務ごうまん、一人は東の小屋に住んでいて食事をおいしそうにしていたと。大将軍は婿にこの男を決めた。これが中国で“おめでたい”という意味に使われる「東床（東の小屋）の婿」の起源であり、マージャンによる見合いもこれから始まったといわれる。

さらにほほえましい風習は、結婚の話がまとまり、いよいよ本番の結婚式をとり行なうというとき、その前のひとときを、花嫁花婿の親類一同が入り混じってマージャンの卓を囲むということだ。うちとけ、親しみ、こんなようにマージャンが利用されれば本望だろう。

レコード・ガイド

11月のポピュラー

ビートルズの最新作

バカラックの魅力も

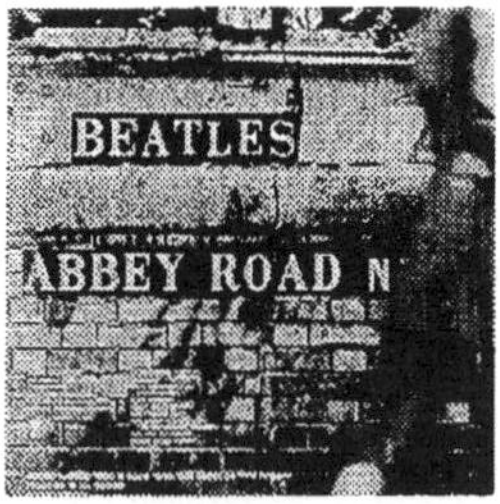

ザ・ビートルズ／アビイ・ロード

サウンド・クリエイター／バート・バカラックの世界

◇キング・オブ・ザ・ブルース／B・B・キング（ブルースウェイⓈSR三〇七）若いロック・ギタリストに「誰を尊敬しているか？」ときくと、必ず「B・B・キング」という答えがかえってくる。それほど尊敬されているキングだが、彼のレコードはわが国で数枚しか出ていない。しかしこの一作はその最高作といって過言ではない。スタジオ録音とクラブでの録音のカップルだが、圧倒的なギターと共に、説得力ある歌がいい。二曲に加わるアル・クーパーのピアノもみごとな効果を収めている。

◇ザ・ビートルズ／アビイ・ロード（アップルⓈAP八八一五）ビートルズの最新作だが、やはり見落とせぬ今月の秀作である。今回はジョージ・ハリソンの作曲面における進境に目をみはった。とくに「サムシング」という一曲は、独創的で美しい。

◇サウンド・クリエイター／バート・バカラックの世界（A&MⓈAML三七）レノン＝マッカートニーのあとをうけて、モダンで趣味のよい作曲家として、近年めきめき頭角を現わしてきたバカラックの自作自演アルバム。どれもこれもが魅惑のメロディーばかりのうえ、彼自身のアレンジが卓抜。イージー・リスニングの佳盤である。

◇ストリートノイズ／ジュリー・ドリスコール、ブライアン・オーガーとトリニティ（ポリドールⓈMP九三一五―六）イギリスのロック・グループによる二枚組の大作。ジュリーの歌もいいが、劣らずすぐれているのがブライアンのオルガンだ。各面がそれぞれ一貫したテーマをもち、現代に生きる青春の明暗と哀歓が四面を通して、うかびあがってくる。

◇ベスト・オブ・キンクス（パイⓈYS二三三六）離合集散がはげしいロック界で、五年のうちに一人しかメンバーがかわらなかったキンクスの、デビュー当時からのヒット作十二曲を年代順にまとめた立派なアルバム。これは意外な拾いものだ。音楽的にもしっかりしており、再評価してよいグループである。

◇イージー・リスニング・ジャズ大全集（RCAⓈSRA九一二八―九）ロリンズ、デスモンド、バートンなど人気ジャズメンがRCAに残した録音から、表題向きの演奏をピック・アップしたオムニバスだが、選定と配列がよく、十分に楽しめる。特にポール・ホーン五重奏団の演奏は拾いものだ。

◇マイルス・デイビス／マイルス・アヘッド（CBSソニーⓂSONP五〇一四八）ジャズ界では、すでに歴史的名盤に数えられている十二年前の秀作である。もちろん今回は再発売だが、とくに推薦したいのは最初日本で出た時のプレスがいかにも悪く、日本のファンにはその真価が伝わらなかったうらみがあるからだ。ギル・エバンスのキメこまかい編曲とマイルスの叙情的なトランペット……五〇年代の傑作は、その全貌をはじめて明らかにした。

（油井　正一）

いだろうとか、まあいろいろあるんですよ（笑）。リンゴ・スターもビートルズ最初の主演映画の公開時はリンゴー・スターでしたし。

本橋　たしかに初期のころは「ハリソン」でした。途中から「ハリスン」が増えてるはずですが、このころはまだ混在してますね。でもあらためて、人間の記憶の確かさと不確かさを同時に味わいましたよ。まず1969年の『アビイ・ロード』発売のときに紹介コラムが載ったのは合っていたけど、時期がずれてました。日曜版ではなく平日でした。11月の25日……けっこう後ですよね。火曜日です。

勝本　日本発売から1ヵ月後の掲載というのは、当時としては妥当なのかもしれませんね。

本橋　記事のニュアンスは合ってました。ただし、なかなかいい、という評価はジョージの作曲に対してでした。『アビイ・ロード』のジョージ作「サムシング」と「ヒア・カムズ・ザ・サン」は後にどちらも最高傑作とされるし、「サムシング」はカヴァー数も多くて、あの大御所、フランク・シナトラも「最高の曲」と讃えていますね。ビートルズ楽曲の年代別再生回数ランキングを音楽ストリーミングサービス大手「Spotify」が発表しましたが、17歳以下だと「ヒア・カムズ・ザ・サン」が「レット・イット・ビー」を押さえて第1位ですよ。

勝本　昔は、ジョージの曲といえば「サムシング」と「ホワイル・マイ・ギター・ジェントリー・ウィープス」でしたが、いまは圧倒的に「ヒア・カムズ・ザ・サン」になりました。

「毎日新聞」1969年（昭和46年）11月25日夕刊

「イン・マイ・ライフ」も特に21世紀になってからは人気急上昇で、最もカヴァーされた曲としてギネスブックの1位に認定されている「イエスタデイ」は、今では人気曲とはいえない状況になりました。そういえば、カヴァー曲の2位に認定されているのは「サムシング」でしたね。

本橋　私が記憶していたコラムに載った写真は、『アビイ・ロード』の超有名な横断歩道の写真ではなくて、どういうわけだか、ジャケット裏面が載ってるんですね。この記事を45年ぶりに再読したんですけど、すっかり忘れてました。編集部が表ジャケットはこっちだと勘違いして載せたんでしょう。本来の裏面は、文字が書かれているし、活字を扱う側だとこっちが表だと本能的に判断したのかもしれないですね。

藤本　それは大いにあると思いますよ。欧文で〝ABBEY ROAD〟と入ってますし。実は前例があって、『ヘルプ！』（発売当時の邦題は『4人はアイドル』サウンド・トラック盤』）もやはり、裏面の、バハマの海岸で撮った4人の写真が載っているほうを表にしてることが多いんですよ。

本橋　ああ、たしかに本来の表は4人が手旗信号みたいなポーズで写ってるけど、こっちのほうが写真が小さめだから、

ビートルズ『ヘルプ！』の日本盤LP（裏ジャケット／1965年）

裏面だと勘違いしそうですね。あの手旗信号みたいなポーズは実は違っていて、なんの意味もなくて、ただ見栄えがいい格好をさせただけでしたが。

藤本　映画『エレキの若大将』（1965年12月公開）に東芝レコードの特約店が出てくる場面があって、そこでも『ヘルプ！』は、裏面のバハマの写真を表にして売っていますね。

本橋　実質ラスト・アルバムの『アビイ・ロード』でついにジョージが結果を出した。そういう意味で、ジョージにとってみたら最高傑作2曲が収録された『アビイ・ロード』と、3曲入って、しかもA面トップに「タックスマン」がきてる『リボルバー』が高評価なんですね。名盤だと言われ続けてきた『サージェント・ペパー』をジョージは誉めていない。

藤本　ジョンもそうですよ。ポールとジョージ・マーティンが仕切ると、やる気がなくなるというか。『リボルバー』は、エンジニアがノーマン・スミスから新進気鋭の若手、ジェフ・エメリックに代わった最初のアルバムですね。ライヴ活動がそろそろ終焉を迎え、スタジオ作業に軸足を移す最初のアルバムで、ドラッグをたくさん吸い込んで威勢よく吐き出した、やる気のある4人の独創的なアルバムでもありますね。

ポール、トルコ風呂入浴説を洗う

藤本　本書のために最も力を入れて喋りたいと本橋さんがおっしゃっていた「ネタ」が登場ですね。ということで、ここはひとつ、洗いざらい語り尽くしていただきたいと思っています(笑)。よろしくお願いします。

本橋　最もアンダーグラウンドなネタかもしれませんね。いにしえから特殊浴場業界に、ビートルズが日本武道館コンサート来日時に、トルコ風呂(現在のソープランド)に入った、という都市伝説のようなものが流れているんですね。でもそれはあくまでも噂であって、確たる証言・証拠はなかった。

独身時代、90年代末、付き合っていた吉原のソープ嬢にそのことを尋ねてみたら、芸能人、プロ野球選手、力士といった著名人の名はすらすら出てくるけど、さすがにビートルズの名前は出てこなかったんです。外国の超有名人で吉原ソープにしばしば入浴して有名なのは、フランスの俳優、世界で最も女性から愛されたアラン・ドロンですよ。

1983年秋、来日したアラン・ドロンはお忍びで吉原の「歌麿」というトルコ風呂に入湯して、複数のメディアが報じています。なかでも「フォーカス」（1983年11月18日号）には、〈アラン・ドロン様のお相手をした吉原トルコ嬢の光栄〉というタイトルで、お相手をした丸千代嬢のヌードまで載っている。

世界で最も女性から尽くされたであろうアラン・ドロンが来日したら立ち寄る先がソープだったことから、あらためて、いかに日本のソープランドが悪魔的な魅力を秘めているのかがわかります（笑）。

待合室を出ると、ソープ嬢が三つ指ついて待ち受け、浴室に入り、客は裸になり寝ているだけで全裸のソープ嬢がすべて甘美なサービスをおこない、男は昇天する。世界広しといえど、ここまで性的奉仕をする風俗業は日本のソープしかないんですね。

そこで浮かび上がるのが、ビートルズもその誘惑に陥落したのか、という問題。ビートルズ来日時の103時間の行動は未解明の部分が多かったけど、時間が経つにつれ徐々に具体的な行動が明らかになってきました。

『ヤア！　ヤア！　ヤア！　ビートルズがやって来た　伝説の呼び屋・永島達司の生涯』（野地秩

野地秩嘉＝著『ヤア！ヤア！ヤア！　ビートルズがやって来た　伝説の呼び屋・永島達司の生涯』（幻冬舎／1999年）

嘉＝著／幻冬舎／１９９９年）。『ビートルズ来日学１９６６年、４人と出会った日本人の証言』（宮永正隆＝著／ＤＵ ＢＯＯＫＳ／２０１６年）。

なかでもこの2冊が詳細に記述しています。

藤本　「ビートルズと日本」をテーマにした本が、特に21世紀以降は増えていますが、日本公演にまつわる話など、まだまだ知らない「裏話」がたくさんありますね。

本橋　そうなんですよ。来日時、警察の厳しいガードによって、ファブ・フォーは東京ヒルトンホテル（現ザ・キャピトルホテル 東急）にカンヅメ状態にあった。一説には、来る70年安保の警備体制の予行演習としてビートルズ来日を捉えたために厳しいガードになったとされてます。後に「朝日新聞」に、当時の山田英雄警備課長（後の警察庁長官にまで登り詰めた人物）が証言しているんですね。白手袋を全警備員が着用したのも、女性ともみ合うこともあるため、はた目にも礼儀正しさを強調する狙いがあったと。来日時の厳しいガードは、警察の方針だったけど、どうも山田警備課長個人のあまりにも任務に忠実だった情熱がかなりの部分を占めてるのでは。大規模な作戦は、現場の大佐クラスが実質的な支配権を持っているんですね。ビートルズ来日時の警護も同じですね。

藤本　いま本橋さんとこうして喋っているのは、九段下にある毎日新聞出版の会議室ですが、窓の外を見ると、武道館に隣接する千鳥ヶ淵のお堀――ファンがお堀をつたってビートルズを見に来るのではないかとか、水中に何か異常はないかと、山田警備課長が警備船を浮かべて調べさせたお堀が目に入りますね。

本橋　これも縁ですねえ。ここの窓からの景色、いつ見ても飽きませんよ。そしていまは、ポールの「トルコ風呂入浴説」についてやりとりしていると（笑）。

来日2日目、6月30日、ヒルトンホテルに缶詰め状態だったポールとビートルズのロード・マネージャー、マル・エヴァンスが日本側のスタッフから四谷のある場所に招待されようとしたんですね。

それ以前にも外国タレントが来日した際、外タレが喜ぶのでその流れで接待しようとしたのでしょうか。ポールとボディガード役の体格のいいマル・エヴァンスがホテルの外に出ることができた。ジョンは原宿のオリエンタルバザーに買い物に行ったことがわかっています。

藤本　ジョンは、もう1人のロード・マネージャー、ニール・アスピノールとともにこっそり外出し、麻布材木町の朝日美術店と南青山の北川象牙店にも立ち寄ってますね。そこで漆塗りの彫り物や中国製飾り玉、香炉などを購入したそうです。朝日美術店の若山秀子氏によると、ジョンが最も気に入っていたのは香炉で、１００万円で購入したと。ジョンはピンクのキャデラックでお店にやって来たものの、ファンにすぐに見つかってしまい、交通渋滞になるからと警察官に言われて裏口から脱出したそうです。ポールも、もし四谷に行っていたら裏口から脱出したでしょうね（笑）。

本橋　ポールが行きそびれたのは2日目でしたが、初日はマル・エヴァンスだけ抜けだして、四谷のトルコに入浴して、ホッコリ、気持ちいい思いをしてます。生まれて初めての体験にマルは、ポールに報告しています。それを聞いて、ポールは「オレも」となったのでしょう。翌日、抜け出そうとしたところ警備側に見つかってしまった。連れ戻されて、行く先を皇居前広場に変更するしかなかった。二重橋で遠くを見つめるポールの写真が有名ですが、これは四谷トルコに行きそびれた落胆の顔だったという。

藤本　皇居前広場へは明治神宮から神宮外苑を通って向かい、二重橋までの散歩時間は5分ぐらいだったようです。でも、当然ポールだとバレるので、あっという間に車に戻る。〝娑婆の空気〟を吸ったのはわずか45分でした。ジョージとリンゴは、武道館とヒルトンホテルの行き来以外、まったく外出はなかったようです。

本橋　四谷のトルコはどこだったのか、「裏ビートルズ来日学作成者：TONRECO」というサイトに詳しい検証がされています。

　芸能人や野球選手は吉原が主なんですが、なかにはお忍びで四谷の穴場店に行くケースもあったのでしょう。大木戸の付近、甲州街道と明治通りの交差点あたりは江戸時代から色街があって、戦後も赤線・青線が混在していて、ここを中心にぽつんぽつんとソープと連れ込み宿が営業していました。今でも住宅地のなかに連れ込み宿風の宿泊施設が点在しているのはその名残です。昔、この辺にあったトルコ風呂で、宮内庁の超大物が腹上死して、騒ぎになったことがありました。超高級店ではなくて、ごく庶民的な割安店だったこと、年輩のトルコ嬢だったことが意外だということで話題にもなりました。でも結果的にですが、ポールはこのとき入浴できなかったことは幸運だったのかもしれませんね。入浴したとしたら、いまだにネットで、〝ポール・四谷・トルコ風呂〟という検索ワードが出てしまったでしょうから。

滕本　1980年の「大麻不法所持」と並ぶ、「ポールと日本」を語るうえで欠かせない裏話になっていたかも……と思うと、空恐ろしいです（笑）。

映画『レット・イット・ビー』警察官やらせ説を追う

本橋　1970年公開の映画『レット・イット・ビー』が上映されてしばらく経ってから、ビートルズが自社のアップル・ビルの屋上で演奏する、いわゆる「ルーフトップ・コンサート」、映画のクライマックスですね、このとき屋上で大音量でやったもんだから、付近の会社やアパートから苦情が警察に殺到して、ついには警察が動き出しました。アップルの前の道路は渋滞になって、突然のゲリラ・ライヴに市民が騒然としだしたのがわかります。

まさかビートルズが？　と驚き、喜ぶ市民が多く見受けられました。何しろ1966年8月、アメリカのキャンドルスティック・パークでの公演以来、人前ではいっさいライヴをやめてますから、このときの屋上ライヴはごく限られた人数とはいえ、2年5ヵ月ぶりに演奏した準公演とでもいうべきハプニングでした。藤本さん、実際にアップル・ビルの前に立ってどうでした、サヴィル・ロウの道の広さは？

藤本　アップル・ビルの前の道は、想像していたよりもかなり狭かったです、道幅は。

本橋　東京でいったら、何通りですか？

旧アップル・ビル（2017年10月16日撮影）

藤本　今日、ここ毎日新聞出版に来たとき会社の前に道があるじゃないですか。あれの半分ぐらいかな。車2台がなんとかすれ違えるほどの狭さです。（いまいる会議室を指して）この端からその端ぐらいまで。歩道も含めて建物と建物の間は、せいぜい10メートルぐらい？　その狭い道路から上を見上げると、「ああ、あそこでやってたんだ」というとてつもない感動があります。初めて行ったときの感動はとにかくでかかったですが、いつ行ってもやっぱり「おおーっ！」てなりますね。

本橋　想像以上に狭い道路だったんですね。そこでいきなりビートルズが演奏しだしたんだから、そりゃ渋滞になりますね。でも藤本さん、歴史的に見たら非常に貴重な体験をしたわけですよ。すごい。

藤本　『ザ・ビートルズ：Get Back』を観て初めて知りましたが、屋上での撮影について隣のビルの許可をまったく取ってなくて、勝手にそっちの屋上に上がってカメラを回してる。道路は渋滞するし、近隣からも苦情はくる。その混沌とした状況のなかで演奏するビートルズとビリー・プレストンは、ほんとにかっこいい。ビートルズが下手だなんて言う人がいたら、この屋上の演奏を見せたいですね。絶対にぶっ飛ぶと思います。もしぶっ飛ばなかったら、ビートルズには縁のなかった人ということで（笑）。

本橋　ただ、今のコンプライアンスからしたら、アウトでしょうね。ラストの「ルーフトップ・コンサート」へ、警察官が住民の苦情を聞きつけ、演奏を止めさせようとアップル本社に立ち入り、最後はついにビートルズが演奏している屋上まで上がっていってしまった。ロード・マネージャーのマル・エヴァンスが警察官を相手に屋上で必死になだめていますよね。演奏中のビートルズは、警察官を見るとジョンが短い時間だけど演奏をやめてしまう、ジョージは途中から警察官への抗議で音量を増大させている。昔の映画館では、たいていこのシーンで館内から拍手が湧きました（笑）。

藤本　権威嫌いのジョージの反骨心が如実に現れた最高の場面ですね。屋上にやって来た「おまわり」を見たポールが、目を見開き、お尻を振っていきなりヒートアップする。その場面を目にすると、こっちも尻を振りたくなります。

本橋　そこで、かねてから「ルーフトップ・コンサート」で警察官が立ち入り捜査するシーンは実はやらせだったという説があります。たとえば中山康樹著『ビートルズの謎』（講談社現代新書／2008年）とか、他にもいっぱいあります。警察官が屋上にやって来たときに演奏が「ゲット・バック（戻れ！）」というのも出来過ぎている。アドリブでジョンとポールがかけあっているうちに、最後は警察官も退散していく。何かドラマティック過ぎて、これはもう台本があって、警察官も仕込みの役者だったのでは、という説が有力でした。

藤本　長い間、やらせだと言われていましたよね。実際には、監督のマイケル・リンゼイ＝

ホッグは、警察官が正面玄関から入ってきた場合に備え、カメラ、音響機材、照明をあらかじめ設置し、女性スタッフには隠しマイクを付けさせるなど、用意周到に手配してました。

本橋　警察官が外からドアを開けて入って来るとき、中からカメラが撮っていたり、カット割りがきわめて映画的なんですね。ところが最近になって、ネットを中心に検証されて、屋上に上がった警察官本人がインタビューに出て真相を語る記事が出ています。レイ・ダック巡査をはじめ3人の名前もわかってきた。レイ・シェイラー、ピーター・クラドック。〈ゆめ参加NAブログ Paul McCartney & NAドリ　おりほー!〉（http://lightnews.blog137.fc2.com/）をはじめ、詳しい検証がされています。20代前半の若きロンドン警察の彼らも70代以上の年配者になって、あのときの屋上でむっつりした写真と一緒に登場しています。半世紀以上過ぎたのに、面影があるのが時の流れを感じさせます。

藤本　映画『ザ・ビートルズ：Get Back』を観ると明らかですが、アップルの入口のところに、ドアのほうに向けてボックスを置いていて、ビルに入ってきたジョージ・マーティンがそれを見てあからさまに「やってるねー」という笑みを浮かべ

映画『レット・イット・ビー』の日本版パンフレット（1970年）

たりしてます。なにせマイケル・リンゼイ＝ホッグは策士なので、やはり映画『ザ・ビートルズ：Get Back』に出てくるジョンとポールの、2階の食堂でのジョージへの懺悔の場面も、その手前の植木鉢に隠しカメラを設置して声を「盗み録り」しています。しかも、むしろビートルズの4人が捕まったらそれはそれで面白いっていう、そういう過激さも持ち合わせている。警察官も、実は隠しカメラの存在に気づいていたのに、見て見ぬふりをしたようです。

もうひとつ、これもファンには知られていますが、ジャン＝リュック・ゴダールが1968年に撮影した未完のドキュメンタリー・フィルム『ONE AMERICAN MOVIE』（72年にD・A・ペネベイカーが『1AM』として完成）に出てくるジェファーソン・エアプレインの映像が、「ルーフトップ・コンサート」の元ネタだという話もあります。

本橋　どっちが先ですか。

藤本　撮影は1968年11月19日なので、ジェファーソンのほうが先です。8分ほどの映像を観てみると、たしかに隣のビルから窓越しに演奏を聴いている人や通行人の様子、最後に警官が屋上まで上がってくるところも含めて両者はそっくり。マイケル・リンゼイ＝ホッグはそれは知らなかったと言ってますが、少なくとも映画『ザ・ビートルズ：Get Back』のやりとりを見てると、ライヴをやる場所に関してたくさんの案が出たものの、最終的には自社ビルでやらざるを得なかった、という感じですね。当然、近隣の人たちは、アップル・ビルがビートルズの会社であることを知っていたでしょうし、屋上からいきなり大音量での演奏が始まって、それが聴いたことのない曲だったら、ビートルズの新曲だと思うでしょうね。

本橋　住人や会社からのクレームで立ち入り捜査に来た警察官も後の回想で、内心ではこのままライヴが無事に終わってくれ、と願っています。制作者側がハプニングまでしっかりフィルムで撮っていたわけで、ドキュメンタリーの撮影手法として、ハプニング・トラブルは飯のタネ、というのがあります。私もインタビューのときに、何かハプニングが起きたり、相手がむきになってきたときは、その場では大変ですが、仕上がったときの原稿は普段よりよくできている場合が多い。映画『レット・イット・ビー』も、あの警察官の乱入がないと、予定調和でのっぺりした仕上がりになっていた可能性がある。

藤本　ビートルズは、ジョンとポールの出会いからして奇跡的と言われていますが、演奏も含めてあまりに出来過ぎな「ルーフトップ・コンサート」も、ビートルズによってもたらされた最大の奇跡のひとつと言ってもいいかもしれませんね。

ビートルズ・チビ説を測る

藤本　映画『レット・イット・ビー』の「ルーフトップ・コンサート」。あのとき、屋上にいた関係者のなかに、リンゴの妻モーリンとヨーコ、それにクリス・オーデルっていうアップルに勤めてた女性スタッフがいました。ジョージの「ギヴ・ミー・ラヴ」のシングルB面に「ミス・オーデル」という曲があるんですけど、そのクリス・オーデルです。2010年に『クリス・オーデル回顧録　ビートルズ、ストーンズ、ディラン、クラプトンらと過ごした日々』（加藤正人＝訳／レインボウブリッジ）という本を出してますけどね。一時期ジョンの秘書で恋人だったメイ・パンとも仲が良くて、2024年5月10日から上映開始となった、メイ・パンの自伝的映画『ジョン・レノン　失われた週末』にも出てきます。

クリス・オーデル＝著『クリス・オーデル回顧録　ビートルズ、ストーンズ、ディラン、クラプトンらと過ごした日々』（加藤正人＝訳／レインボウブリッジ／2010年）

本橋　藤本さんが字幕監修してる。

藤本　はい。屋上ライヴのときは風が強いせいもあったのか、ヨーコは体調が悪そうでしたが、モーリンは、まるでキャヴァーン・クラブで見ているかのようにノリノリですね。最後に「ゲット・バック」を演奏し終わったあと「イェイ、イェーッ！」と歓声を飛ばしたら、すかさずポールが“Thanks, Mo”ってモーリンに対してお礼をしてますよね。後ろの方にはピーター・ブラウンやマル・エヴァンスやアップルの関係者の顔も見えます。

本橋　ポールはノーネクタイのスーツで、一番薄着、リンゴが真っ赤なレインコート風、ジョンが暖かそうなモフモフのコート、ジョージがやはり黒いコートでした。以前、松坂屋か松坂屋で「ビートルズ展」をやっていて、幼かった息子を連れて観に行ったんですよ。ジョージが屋上で着ていた実物のコートが展示されてました。思ったよりも小さめで、入場者も、意外と小さいコートに、へえと反応してました。ビートルズは小柄だったという説が一部に流れているけどと訊かれたヨーコが、「そんなことはない」って強調していたのを記憶してるんですが、実際の身長はどうだったんでしょう。ジョージ・マーティンやマル・エヴァンスと比べると、明らかに小さいんだけど、あの2人は190センチ以上はありますからね。ハンブルクに渡るときのデビュー前のジョージのパスポートがあって、そこに小さく写ってるんだけど、身長が5フィート10インチになっていたんです。盛っていなければ177センチということになりますが。

藤本　そうですね、リンゴ以外は170センチ台後半。当時のイギリス国民の平均的身長ですね。ポールが若干でかそうです。目の前で一度ポールを見たことがありますが、180センチはないかなと。

本橋　リンゴだけが少し小さいということですね。

藤本　2021年4月から2022年3月までNHK-FMで放送されていた「ディスカバー・ビートルズ」というラジオ番組の年末にゲストで出させてもらったときに、パーソナリティの和田唱さんから4人の身長について訊かれたんですよ。そのときに「一番大きいのはジョージで次はジョンとポールかな?」と咄嗟に答えてしまったんです。でも、あのあと身長を意識しながら写真を見てみると、どうやらポールが178センチ、ジョンとジョージが177センチ、リンゴが170センチぐらいじゃないかと思うようになりました。だからどうっていう話じゃないんですが（笑）。

スモーキング・ビートルズ、紫煙に煙る4人とその代償

本橋　60年代のビートルズはヘビースモーカーでしたよね。

藤本　そうでしたね。タバコに関しては、好みの銘柄があって、ジョンは、自分のミドルネームと同じだからなのかもしれませんが、ウィンストンのほかにケントとマールボロを吸っている写真があります。70年代後半の主夫《しゅふ》時代には、ジダンというフランスのタバコを吸ってました。

本橋　フランスタバコといえば、ジダンとゴロワーズですよね。

藤本　ジョンはゴロワーズも吸っていたみたいです。

本橋　ムッシュかまやつはゴロワーズを吸ってて、「ゴロワーズを吸ったことがあるかい」（1975年）という自作の曲があるほどです。60～70年代にかけてタバコは男の人生であり、嗜好品以上の存在でした。日本では成人男性の喫煙率も実感としては90パーセント近かった。男が2人以上いて、会話がはずんで家に帰ると、必ず髪

フランスのタバコ「ジタン」

や服が煙草臭かった。へそ曲がりの私は若いころはまったく吸わなかったから、すぐに気づきました。30代半ばになって吸い出してヘビースモーカーになってしまいましたが。

藤本　私は30歳まで吸っていたので、どんな味かとジョンの真似してジタンを吸ってみたら、これが「味の素」みたいなすごい匂いで……。フィルターは、太くて短い。今じゃ考えられませんが、当時は車の中は言うに及ばず、飛行機の中や映画館でも普通にみんなタバコを吸っていましたよね。それで当時住んでいた東急目蒲線の西小山のホームで、電車が来るまでジタンを吸ってたら、あまりに臭くて周りから人が遠ざかっていくのがわかるんですよ。それでもヘビースモーカーではなく、1日10本ぐらいでした。まあ高校に入って禁煙したっていうのだから、しょうがないですが（笑）。

本橋　私とは逆だ（笑）。

藤本　本橋さんは、いつやめたんですか？

本橋　ベタですが、結婚して子どもができて、以来いままで25年間吸ってません。ビートルズではやはりジョージがヘビースモーカーでしたね。ニュース映像を観ても、ジョージが一番吸ってるシーンが多い。いたずら好きで、インタビュー中のポールやジョンの頭上に灰を落としたり、寒空の郊外でレポーターのマイクに向かって煙を吸って、何度も吹きかけています。

藤本　ビートルズのライヴ・ドキュメンタリー映画『EIGHT DAYS A WEEK-The Touring Years』（2016年）に、インタビューを受けているときにジョンの頭を「灰皿替わり」にするジョージのやんちゃな映像が出てきます。

本橋　そうそう、あれ（笑）。

藤本　ジョンはタバコの灰が床に落ちるのが大嫌いだったという話もあるので、それを知ってたジョージがジョンの頭を「悪用」したんじゃないですかね。

本橋　ジョージは1997年7月下旬に喉頭癌の手術を受け成功して、放射線治療を受け、翌年1月に検診を受けたけど、再発は見られなかったんですね。このとき、ジョージ自身もタバコの影響だと認めていますね。

「原因はタバコだろう。ずっと禁煙していたけど、一時期吸っていたこともあった。去年からまたやめたけどね。まだ初期段階で、転移していなかったのが幸運だった。癌という言葉を聞くとだれもが死を連想するが、そうでないときもある。ときには悲しいこともある。それが人生なんだ。古い言葉だけど、人生はハスの葉の上の雨のしずくのようなものだから

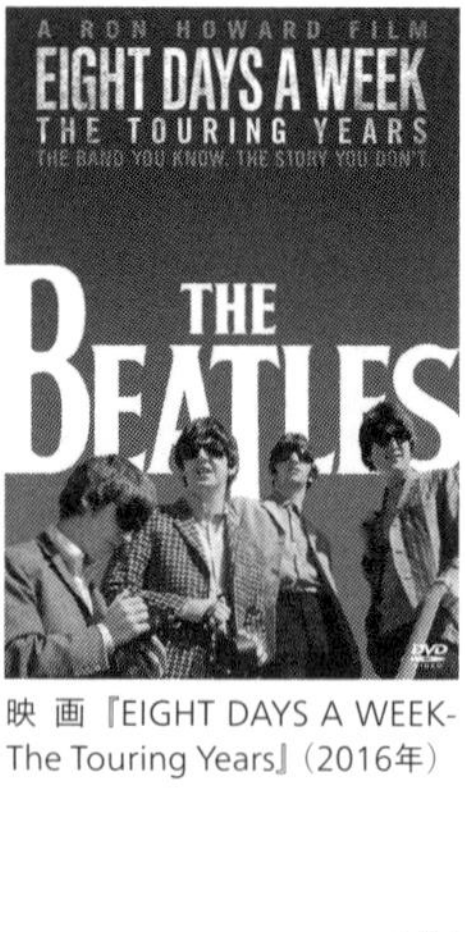

映画『EIGHT DAYS A WEEK-The Touring Years』（2016年）

ね」（ザ・ビートルズ　ワールドワイド・アップデート・ニュース）。

映像や写真でジョージの喫煙シーンがあると、必ず世界中のファンから、煙草を呪うコメントが投げかけられます。後に奇跡を信じてガンジス川で沐浴してますが、癌は奇跡のドラマを否定するほど悪辣でした。肺癌から脳に転移します。

藤本　ジョージは、１９９９年12月30日に、自宅に侵入してきた暴漢に刃物で襲われるという事件が起きましたよね。まるでジョンが撃たれたときと同じようだと私は思っています。ジョージの伝記映画『リヴィング・イン・ザ・マテリアル・ワールド』（２０１１年）で妻オリヴィアがそのときの状況について詳しく語っていますが、ジョージは危うく命を奪われるところでした。ジョージが１９９７年８月に咽頭がんの手術を受けていたと最初に報じられたのは翌98年６月のことでしたが、この事件は、ジョージの体調を悪化させたでしょうね。そしてジョージは、２００１年11月29日に58歳の若さで亡くなりました。

本橋　60年代という反体制的な空気のなかで、カウンターカルチャーが花開いた時代でした。今では健康の最大の敵とされるタバコにしても、当時は自由

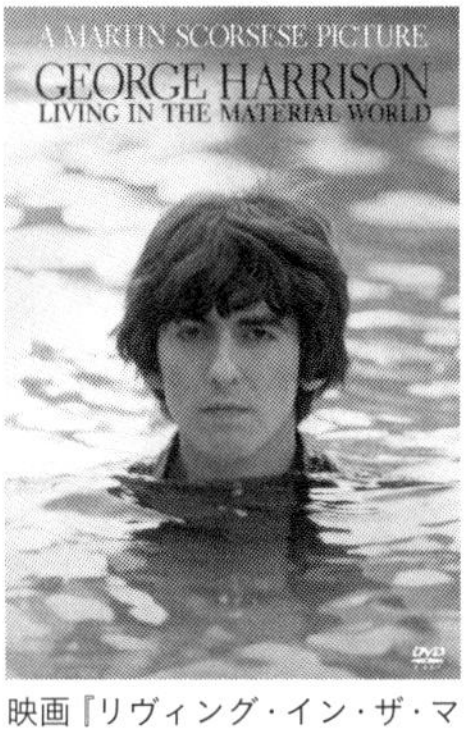

映画『リヴィング・イン・ザ・マテリアル・ワールド』（2011年）

と女性解放のシンボルとしてよく吸われていました。
　映画『ハード・デイズ・ナイト』で、女子学生役で出演したパティ・ボイドも休息時間にタバコを吸ってる写真があるし、ポールの恋人ジェーン・アッシャーも、リンゴ夫人のモーリンも、ジョンの奥さんのシンシアも吸ってました。

藤本　世界の主要国の60年代の喫煙率は、男性は80％強で、女性は20％ぐらいだったと思うので、ビートルズのメンバーの妻の喫煙率は高めですね。

本橋　映画『ヘルプ！』の「恋のアドバイス」をレコーディングしているシーンで、リンゴがタバコをくわえながらドラムを叩いてますよね。紫煙がむしろあのシーンを印象的なものにしてます。

藤本　２００７年にデジタル修復されたのを観て、ようやく紫の煙がはっきり見えるようになりました。レコーディングをしている場面も貴重ですが、あの煙は、マリファナを想起させますね。

本橋　有名なのは『アビイ・ロード』のジャケット写真で、横断歩道を渡る４人のなかでポールが右手で煙草をはさんでいますね。嫌煙権が叫ばれている現代にあって、あのジャケットが放送で使われるとき、外国では煙草にボカシが入るとのことですが。

藤本　２００３年にアメリカのポスター会社が『アビイ・ロード』のジャケットをデザイン

として使ったときに、ポールのタバコを消してしまったそうです。対してビートルズの親会社アップルは「承諾もしていないし、やりすぎだ」と語ったみたいです。これもアメリカだったと思いますが、禁煙をアピールする団体からも同じような抗議があったのを覚えていますが、「アホか！」と思います（笑）。

「ジャケットとタバコ」ネタはまだあります。アメリカ初上陸となった1964年のシングル「抱きしめたい」のジャケットでもポールが指にタバコを挟んでいますが、1984年にアメリカ上陸20周年を記念して「抱きしめたい」がやはりキャピトルから再発売されたときにもポールの指からタバコが消されてました。さらにキャピトルの編集アルバムをまとめた『ザ・ビートルズ‘65 BOX』が2006年に出たときには、もともとジョンを除く3人の指にタバコが挟まっている写真を使っているにもかかわらず、すべてタバコなしに修正されています。アメリカが、タバコに関しては最もうるさそうですね。ビートルズは、ライヴ中はさすがにタバコは吸っていませんが。

本橋　エリック・クラプトンはステージで演奏中にタバコを吸って、ギターネックにタバコをはさんでいるのがかっこよかったと、真似したミュージシャンもたくさんいましたよね。

ビートルズ「抱きしめたい」のアメリカ盤シングル（1964年）

ローリング・ストーンズのキース・リチャーズも、来日した際のインタビューで、ずっと吸いっぱなしで受け答えしてました。あのころヘビースモーカーだったミュージシャンも今ではガラッと変わって、健康志向になって、ホテルでも玄米食にヨガですから（笑）。部屋を使えなくしたご乱行ぶりが嘘のようです。

藤本　映画『ハード・デイズ・ナイト』には、ポールのおじいさん役でウィルフリッド・ブランベルという俳優が出ていますよね。彼は、舞台など他の出演作品ではダーティなイメージの役柄が多かったので、「彼はとってもクリーン（清潔）だ」と周りから何度も言われるという、わかる人にはわかる言葉を投げかけられていましたが、21世紀の現在の世の中は、もしかしたら表面はクリーンで中面はダーティ（？）というタイプが増えているのかもしれませんね（笑）。

本橋　「徹子の部屋」でも著名人の追悼コーナーで昔出演した大御所歌手や俳優が美味そうに吸ってますよね。石原裕次郎、二谷英明、渡哲也、館ひろし、西田敏行、淡路恵子、越路吹雪。記者からキャスターに転じた筑紫哲也もヘビースモーカーでした。「ドクタースランプ」「ドラゴンボール」の鳥山明も「徹子の部屋」で吸ってました。でもジョージの偉大な人生がわずかタバコのせいで58年で潰えてしまうなんて。

藤本　ジョージのタバコだけ消せれば良かったのに、と心底思います。

ドラッグはビートルズを変えたか？

藤本　ビートルズといえばドラッグ。それだけじゃないですが、ドラッグとの結びつきは欠かせない。傑作といわれるＬＰ『リボルバー』も『サージェント・ペパーズ・ロンリー・ハーツ・クラブ・バンド』も、ドラッグの影響を受けて作られていますし。ジョンは、「映画『ヘルプ！』はマリファナで作った」と言っていましたが、アメリカ公演中の１９６４年８月28日、ニューヨークのデルモニコ・ホテルを訪ねたボブ・ディランにマリファナを勧められ、以後、はまり込んだのは間違いないでしょうね。そのときに「抱きしめたい」で“I get high”とドラッグについて歌っているとディランに言われたジョンは、“I can't hide”だと返したという有名なエピソードがあります。

本橋　レコード・デビューする前、西ドイツのハンブルクに武者修行に行ってますが、旅の恥はかきすてというか、異邦人になるのでリヴァプールにいるときよりもかなり派手に遊んでますね。酒とドラッグは特に。写真に残っていますが、革ジャンを着た４人がカプセルを指でつまんで誇らしげにカメラに見せている。みんな顔が、いわゆるギン決まりで、危ない顔になってます。驚きと笑いがミックスされた顔つき。とりわけジョンとポール。もう1枚は、1962年、ジーン・ヴィンセントと写ってる写真、ピート・ベストが彼にナイフを突きつけて脅している、わざと極悪の顔つきになってる（笑）。

後の回想によると、興奮剤を呑んでいたというから、これはアッパー系のアンフェタミン系でしょう。覚醒剤の一種。夜通し10時間以上酔客の前で演奏しなきゃいけない。空き瓶や火のついた煙草が飛んでくる。そういった荒々しい環境のなかで、興奮剤をやってなきゃやってられない、となったんでしょう。

藤本　ジーン・ヴィンセントは、見た目からも伝わってきますが、実に危ないタイプで、首筋の神経だか血管だかを強く締め上げて気絶させるのが「得意技」だったそうです。ロックンローラーよりも、プロレスラーになったほうがいいようなタイプですね。それが嫌で、いつやられるかひやひやしながら逃げ回っていたのはポールだったようです（笑）。

本橋　すごい話（笑）。マリファナはボブ・ディランに勧められた説もあれば、すでにハンブルグで体験済みという説もあります。実際にハンブルクで吸引してたようですが、彼らによるとそんなに効かなかったという。マリファナというのは、吸うときに精神的にニュートラルでないとなかなか入り込めない、トリップできない。意外と難しい。ハンブルクでの激しい喧噪のなか、落ち着いてトリップにもっていく作業は難しかったのではないでしょうか。

マリファナ初心者は、最初のうちは効いているのか効いていないのか、よくわからない、と言いますから。ボブ・ディランに勧められたときは、ハンブルクよりも環境が静謐で、ナチュラルに効いたのではないでしょうか。

藤本　ハンブルクのときと違って、極上のマリファナだったから、かもしれませんね（笑）。最近（2024年4月）日本語版が発売された『ビートルズ・イン・ハンブルク：世界一有名なバンドを産み出した街』（イアン・イングリス＝著・朝日順子＝訳／青土社）には、ハンブルクでのドラッグ使用について、興味深い記述があります。ビートルズが最初に出たインドラ・クラブの仕事仲間からまずプレルディンという市販のダイエット薬を勧められ、その後、パープル・ハーツ（アンフェタミンとバルビツール酸系の混合）やブラック・ボンバー（アンフェタミンとデキストロアンフェタミンの混合）も試したものの、安くて合法で、入手しやすいということで、プレルディンを好むようになったそうです。頻繁に常用していたのはジョンで、ほかのメンバー（ポール、ジョージ、スチュアート・サトクリフ）も摂取するようになったけど、ピート・ベストだけは一度もやらなかったと。

イアン・イングリス＝著『ビートルズ・イン・ハンブルク：世界一有名なバンドを産み出した街』（朝日順子＝訳／青土社／2024年）

これ、ピートだけ、髪型も含めてノリが違う一例でもありますね。

本橋　ピート、妙に意固地なところがありますね。それがクビになった一因かも。

藤本　そうですね、パープル・ハーツに関しては、1964年3月19日に、ビートルズが63年の「ショー・ビジネス・パーソナリティ賞」を授与された際にジョンが「パープル・ハーツをありがとう」と言った場面がありますね。こういうふうに「一発かます」ところがジョンの魅力でもありますが。

本橋　ですよね。これもジョンが一発お見舞いした場面ですが、映画『ハード・デイズ・ナイト』の前半シーン、列車で移動するとき、「恋する二人」を演奏する、とてもいいシーンがありましたけど、このとき、席に座るジョンが、片方の鼻の穴を指でふさいでもう片方の穴でコーラ瓶の飲み口を吸ってる。これはコーラの愛称〝コーク〟と、コカインの隠語〝コーク〟をかけたもので、一気に鼻の穴で吸い上げる、ジャンキー特有の吸引法を映画のなかでやってしまってる(笑)。アイドル真っ盛りなのに、レコード会社やプロダクション、映画会社の単なる操り人形ではない、という強烈な自己顕示欲、不良性を忘れていないで

映画『ハード・デイズ・ナイト』の日本版パンフレット（1964年）

すね。

藤本　アドリブでやったんでしょうね。『ヘルプ！』では、後にビートルズ自身による映像の回想録『アンソロジー』（1995年〜96年）でも、もうみんなでドラッグをやりまくり、全然ＯＫテイクが撮れないとリチャード・レスター監督を困らせたとポールは語っていますね。リンゴも「目が充血している映像が多いのは、マリファナを吸っていたから」と言ってます。

本橋　４人の映像化された証言録『アンソロジー』は資料として第一級ですから、それは信憑性が高いですね。彼ら自身が『ヘルプ！』でのマリファナ体験を明け透けに打ち明けてます。『ヘルプ！』の撮影は1965年2月23日、バハマで始まって合計54日間かかりました。映画というのは、待つのが仕事、というくらい、シーンごとにセットをばらして始めるから、そのたびにセッティングが終わるまで出演者は待たなければならない。待つのがイヤで役者をやめた売れっ子俳優もいたくらいですから。役者って意外と地味な仕事なんですね。『ヘルプ！』のときもファブ・フォーはやはり待ち時間が退屈で、そのときマリファナ

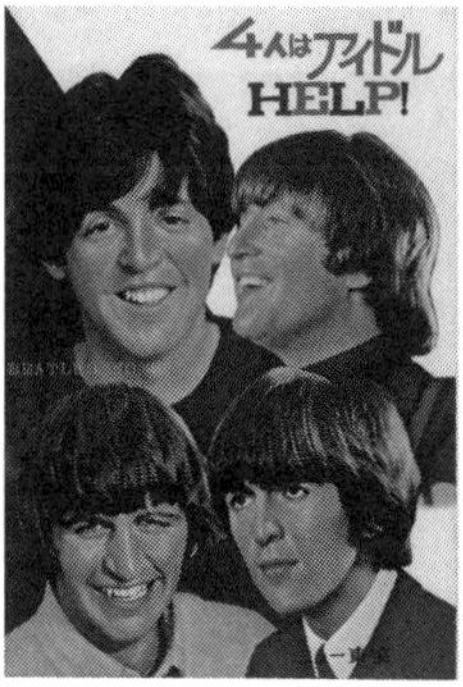

映画『ヘルプ！』の日本版パンフレット（1965年）

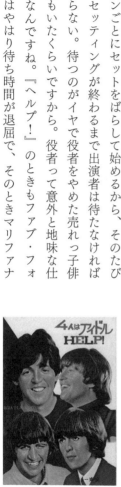

を吸っています。

本番になってもキマっているので、映画を観れば、トリップしている彼らを確認できます。彼らの告白によれば、たとえば、バッキンガム宮殿でポールがポーカーゲームをしているシーン。このとき、少しボーッとした表情でカードを見ています。それから、雪山でカーリングをしているとき。悪の組織がカーリングの丸いストーンを爆弾にすり替えて、ビートルズを亡き者にしようとして、危うく命拾いする。このとき、4人は走りに走り、逃げていくんだけど、その間ずっと笑い転げていたと回想してます。マリファナは些細なことで笑ってしまう作用があるので、自分たちのやってる演技がツボにはまって大笑いとなったのでしょう。

藤本　ジョンはマリファナを常用するようになったことでアルコールをやめたと言っていますね。世界的に「4人はアイドル」になったものの、成功するには自分を殺さなくてはならず、自由とは規制の枠内での自由に過ぎなかったことに嫌気がさし始めたジョンは、だから「ヘルプ！」で実は「心の叫び」を歌い込んだんでしょう。『ヘルプ！』は、ステレオタイプなインドのイメージを描いた映画でもありましたが、インド・レストランで演奏するシタール奏者を目にしたジョージが、シタールからインド思想や文化に深く心酔していくきっかけとなった点は、やはり見逃せません。そう思うと、ビートルズの活動は、アルコール～ドラッグ～宗教へのある種の「意識改革」の旅でもあったと言えますね。

本橋　その通り！　あと興味深いシーンとして、空港にいたとき、みずから変装するんですが、このときの変装が4年後の長髪にヒゲ、眼鏡といったヒッピー風にそっくりなんですよね。ファンの間でも、みずからを予見していると話題になっていますが。

藤本　そうですね。

本橋　記者会見やインタビューの場でも、キマっているシーンが散見されます。ジョンは、1965年刊行の2冊目の自著『らりるれレノン：ジョン・レノン・ナンセンス作品集（原題：A Spaniard In The Works）』（佐藤良明＝訳／筑摩書房／2002年）を手にしてインタビューを受けていますが、途中でジョージが横取りして、いきなりページを破いてしまいます。ジョンも悪のりして破く。リンゴが高笑い。普段の陽気なファブ・フォーとは違う、支離滅裂感と馬鹿笑い。吸ってるなと（笑）。

それから彼らのレコード会社「アップル」設立記者会見を1968年5月14日、ジョンとポールがニューヨークで行なったとき、直前までマリファナを吸っていたとされています。会見で2人は、会社設立の高揚感とは異なり、どこか沈思黙考といった顔つきです。マリファナは感情の起伏が激しくなる一

ジョン・レノン＝著『らりるれレノン』（佐藤良明＝訳／筑摩書房／2002年）

方、一度方向性がつくとずっとそちらに流れていく作用があるので、アップルを起ち上げたはいいが、これから先のことを思うと、ふと、喜んでばかりじゃいられないというマイナス要因が作用したのかと……。

藤本　アップル設立会見をしたころは、ちょうどジョンがヨーコと付き合い始める時期ですが、ジョンはさらにエスカレートして、ヨーコと一緒にヘロインにも手を出していき、ポールを思いっきり心配させますね。

本橋　そうでしたね。60年代後半、ミュージック・ビデオでは、プロモーション演奏がよく撮られていました。ビートルズは1966年夏に公演をいっさいやらなくなった代わりに、「ペイパーバック・ライター」と「レイン」のプロモーション・ビデオを撮って、それが「エド・サリヴァン・ショー」で流れています。当時はまだ口パクのテクニックも未発達で、とりあえず写っていることを第一にしてましたから。3人はギターを持って口パクしてますが、リンゴは、屋外用の別ヴァージョンでは、もちろんドラムを叩いてません。手持ち無沙汰(笑)。

藤本　いい映像作品ですよね。1966年になり、ビートルズがライヴ活動から足が遠のいていったのに比例するように、ミュージック・ビデオ作りに力を入れていくようになります。世界各国の大きな会場で、ファンの目の前で演奏するのではなく、ライヴ演奏シーンを宣伝用映像として収め、テレビを使って流すという手段に変更していったとも言えます。

本橋　ローリング・ストーンズもプロモーション・ビデオを撮ってますけど、ドラムスのチャーリー・ワッツなどは、演奏しているふりは苦手というか、はなから放棄してますよ。ドラムスはほとんど叩いてない。そんななかにあって、マイケル・リンゼイ＝ホッグ監督が撮った「ジャンピン・ジャック・フラッシュ」は傑作です。インディアン風メイクをしたミック・ジャガーがマイケル・リンゼイ＝ホッグお得意の顔をドアップにしたアングルで歌い出しから撮っているんですが、ドアップゆえに、ミックの表情がよくわかる。目がいわゆるストーン化してるんですね。固まって、動きが極端に少ない。ドラッグをやってるとき、目の表情を見ればわかるといいますが、さすがにストーンズもビートルズも、実演のときはシラフでステージに立っているでしょうが。

藤本　マイケル・リンゼイ＝ホッグは、「ペイパーバック・ライター」と「レイン」のプロモーション・ビデオの監督を務めた後、「ヘイ・ジュード」と「レボリューション」、さらにジョンとヨーコが出演したローリング・ストーンズの、当時はお蔵入りとなったテレビ映画『ロックンロール・サーカス』とビートルズの『レット・イット・ビー』も手掛けてます。「レボリューション」のプロモーション・ビデオは、「ジャンピン・ジャック・フラッシュ」にカメラワークや演出がそっくりですね。

本橋　「レボリューション」は最高のカメラアングルですよ。ジョンのドアップを下からあおって撮ってる。ジョンの狂気性が全面に映し出されています。

藤本　60年代半ばは、イギリス（ロンドン）とアメリカ（カリフォルニア）でドラッグ・カルチャーが花盛りで、ビートルズとストーンズに限らず、ミュージシャンの横の繋がりもたくさんありました。ビートルズがＬＳＤを服用するようになったのは、ザ・バーズのロジャー・マッギンやデヴィッド・クロスビーに教えてもらったから、という話もあります。そういえば、ジョンの妻シンシアの自伝『ジョン・レノンに恋して』（吉野由樹＝訳／河出書房新社／２００７年）には、初のＬＳＤ体験についてこんな記述があります。１９６５年春、ジョンとシンシア、ジョージとパティが、ジョン・ライリーというロンドンの歯科医の家に招かれたとき、食後にＬＳＤを仕込んだ角砂糖入りのコーヒーを知らぬ間に飲まされ、バッドトリップになったと。

本橋　あの人、真面目そうだから、やっぱりトリップの導入部分で罪の意識が刷り込まれちゃったのかなあ。

シンシア・レノン＝著『ジョン・レノンに恋して』（吉野由樹＝訳／河出書房新社／2007年）

藤本　そうかもしれませんね。その後、ジョージが運転するミニクーパーでレスタースクエアにあるアド・リブ・クラブになんとか向かったところ、エレベーターに乗り込んだら、エレベーター内の赤いランプを火事だと錯覚したとか。シンシアは、LSDをやってからジョンは別人になったと言ってますね。あの歯医者を絶対に許せないと。

本橋　なるほどねえ。ドラッグは、やってると人に勧めたくなりますからね。

藤本　ポールは、1966年暮れに初めてLSDをやったと言ってます。みんなから「遅い」と言われ、「なんでお前はやらないんだ」とジョンに突っ込まれた。ポールは、ピート・ベストみたいに絶対にやらないというのではなく、自分が変わるかもしれないと思える「何か」に関しては慎重なんでしょうね。でもポールは、1967年に自分はLSDをやってると公言し、メディアから叩かれましたね。

2023年10月に日本語版が出た『ビートルズ'66』（スティーヴ・ターナー＝著・奥田祐士＝訳／DU BOOKS）という刺激的な本によると、「66年」というのはポールの記憶違いで、実はそれより1年前の1965年暮れにはLSDをやっていたと。それでもジョンとジョージよりは半年以上遅

スティーヴ・ターナー＝著『ビートルズ'66』（奥田祐士＝訳／DU BOOKS／2023年）

いですけど。

本橋　ああ、そうなんだ。軽いのからヘビードラッグまでビートルズはいろいろやってるんですよね。

藤本　『リボルバー』のなかの1曲、「ゴット・トゥ・ゲット・ユー・イントゥ・マイ・ライフ」についてポールは、「マリファナに手を出したころに書いた。この曲の相手は、人ではなくマリファナなんだ」と語ってましたが、対してジョンは「LSD体験の結果生まれたに違いない」と指摘してました。

本橋　『サージェント・ペパー』の、あのLP自体がドラッグ・カルチャーの影響を受けていますからね。そのなかのラスト、私がビートルズの楽曲のなかで一番好きな「ア・デイ・イン・ザ・ライフ」。『アンソロジー』の映像集のなかでポールが証言してますね。ジョンと詞を考えているとき、“turn you on”というフレーズが出てきた。これだ！って。“turn you on”という語句は、アメリカの心理学者ティモシー・リアリーが提唱したフレーズで、「スイッチを入れる」「波長を合わせる」といった意味ですが、転じてLSDで意識が変わる、覚醒する、という意味になります。ティモシー・リアリーは当時のドラッグ・ムーヴメントには欠かせない最重要人物で、精神療法の大家であり、ドラッグに深い関心があり、ハーバード大学で幻覚剤研究までやってます。

1969年、ジョンとヨーコがホテルで「ベッド・イン」という反戦イベントを行なったとき、ティモシー・リアリーも呼ばれて、一緒に「平和を我等に」を歌ってますよね。けっこう出たがり（笑）。

藤本　そうそう。リアリーはジョンに、「カム・トゥゲザー」をテーマにした曲を書いてほしいと要望したりもしましたね。ドラッグ・ソングと言えば、「ア・デイ・イン・ザ・ライフ」の前にも、ボブ・ディランと出会った後にポールが書いた「シーズ・ア・ウーマン」（1964年）には“turn me on”というフレーズが出てきますが、ビートルズでは、これが初の「ドラッグ匂わせ曲」ですね。さらに『ラバー・ソウル』（1965年）に収録された「ガール」では、マリファナを吸引していると思わせる「息を吸う音」が、タイトル・フレーズを歌う後に何ヵ所かに出てきます。

本橋　「スー」ってところね。すでに精神医学界では、意識の問題を解明するための切り札としてLSDが用いられていたくらいで、禁止薬物ではなかった。小さな紙片にLSDを染み込ませ、舐めるんですが、体験者によると、相手の一生を体感したり、遠くにいる人間と同調したり、目の前の世界と人格的に会話ができる、といった作用があって、なかにはバッドトリップして高い窓から飛び降りたり、とコントロール喪失に陥る危険性があるので、LSDはヘビードラッグとして法律で禁じられるようになりましたよね。

ポールもLSD体験を記者に打ち明けて問題になっているし、もちろんジョンも、ジョージも『アンソロジー』でLSD体験を打ち明けています。顕微鏡で見たら、変なヒモのような異物が見えたので怖くなっていっさいやめた、とジョージが証言していました。

藤本　ビートルズの4人もドラッグに思いっきりハマりましたが、そんななかでリンゴは一番真面目なんじゃないですか。でも、ジョンはずる賢いから（笑）、自分で先に手を出さずにリンゴに先にやらせるんです。ボブ・ディランと会ったときも、最初に手を出したのはリンゴだったそうです。リンゴはすぐさま大笑いし、「天井が下がってくる気がする」と言ったので、他のメンバーやマネージャーのブライアン・エプスタインも興味を示し、手を伸ばしたようです。しょーもないジョンも含めて、ビートルズ4人の距離感が伝わってきますね。

4人が依存したものとは

藤本　先ほど言いましたが、4人はドラッグにハマりだして、ジョンとヨーコはヘロインまでいっちゃいましたからね。そこまで手を出しちゃった2人に、ポールも本当に困ってたみたいですよ。

本橋　LSDも危険なドラッグだけど、ヘロインは最も危ないドラッグと言われていますから。中毒性が高く、戻ってこれなくなる危険性が最も高い。ヘロインは、ケシを原料とした薬物で、阿片とも呼ばれ、阿片から抽出したモルヒネを精製して作られるもので、麻薬として法律で規制されていますから。よく東南アジアで床に横たわり、パイプで延々と吸い続ける退廃的な写真がありますが、まさにあれ！　阿片を吸ってると羽化登仙の気分でもう天国にいる気分、何もしたくなくなる。だから一時期の中国が阿片の蔓延で国が滅びそうになったくらいで。それ以来、中国は麻薬・ドラッグに対してとても厳しい、売り買いだけで死刑になりますから。

ハードドラッグで思い出すことがあるんですよ。ジョンとヨーコが出会ったころ、2人で即興のアルバム『トゥー・ヴァージンズ』（1968年）を作って、表は粗末な紙のカヴァーで、それをはずすと、ジョンとヨーコが全裸で並んだジャケットが現れるという。私、高校2年のとき、ビートルズの正規盤はほとんど集めたので、今度は海賊盤を集めようと、新宿の小滝橋通りに海賊盤専門店が密集してて、そこで何枚か買ったんですよ。そのなかに『トゥー・ヴァージンズ』があったんです。ジャケットでは、ジョンとヨーコの顔だけが表に出ていたんですが、家に帰って粗末な茶色のカヴァーを脱がすと、なんと、すっぽんぽんの2人が出てきたんです。税関もそのまま通り抜けて、素っ裸のまま。深読みすると、これをセルフタイマーで撮ったときって、ドラッグの影響があったのではと思うんです。

藤本　ラリって録音して夜中に結ばれた2人が、全裸で撮ったジャケット写真、というわけですね。あのころって、ドラッグで生き残る人と死ぬ人の「分かれ道」って、もう「運」しかない。まさに運命。ジム・モリソンとかジャニス・ジョプリンとかジミ・ヘンドリックスとか、ハードドラッグ摂取で「あっち」に行っちゃいましたし。

本橋　それを考えると、ビートルズの4人も、あっちに行ってしまうおそれがあったわけで、特にジョンは運が良かった

ジョン・レノン＆ヨーコ・オノ『トゥー・ヴァージンズ』（1968年）

というか、ギリギリ死の淵まで行って戻ってきたんですね。

ビートルズの4人っていうのは人類史上最も熱狂の渦にいた人たちじゃないですか。テレビとステレオ装置がある国であれば、誰もが知ってた存在でした。おそらく世界中で一番知名度のある人物になってしまった。知らないのはせいぜい一時期の中国と北朝鮮ぐらいです。1993年に北朝鮮を旅行したとき、若者たちはマイケル・ジャクソンもビートルズも知りませんでしたけど。それを除けばこれほど世界中の人々に知られた存在はいない。その重圧たるや……。

だから4人の精神的なバランスがおかしくなるのも当たり前でしょう。心の平静さを保つため、彼らが依存したものが3つありました。一つは家族。一つは宗教。そして一つはドラッグ。だから1968年にインドに飛んで瞑想したのも、彼らにとってみたら本気で平穏を求めようとしたんじゃないか。

藤本　そこに「四谷のトルコ」も入っていたかもしれないですね（笑）。未遂に終わったけど。

本橋　それはありえる（笑）。4人の精神的なバランスを保つためのよりどころが家族、宗教、ドラッグ、あと女性か。意外と女性にはルックスではなく母性を求める。

藤本　マザコンのジョンは特にそうですよね。でもポールは唯一、音楽もそこに入ってると思うんですね。他のメンバーは音楽はそこまで入ってると思えなくて、ポールだけは間違いなく音楽が中心にあるんだと思います。

本橋　先日、藤本さんが字幕監修した、ジョンとヨーコの個人秘書だったメイ・パンのドキュメンタリー映画『ジョン・レノン　失われた週末』を観てきたんですよ。とても良かった。ヨーコが少々悪者になっているのが気になったくらいで（笑）。

藤本　メイ・パンが主役ですからね。あの中で、ジョンは酒を飲むと女性を殴って、でも翌日は、記憶がまったくなくて……みたいなことをメイ・パンが語ってますね。シンシアもジョンに殴られてますが、メイ・パンは何回ぐらい殴られたかと訊かれて、「数回ほど……壁にぶん投げられた」と。ジョンは、自分の感情の拠り所というか納め所を自分でコントロールできず、しかも感情の表への出し方もうまくない。幼少時の両親との別離というトラウマがあまりに深すぎる。ヨーコからの指示でしばらくメイ・パンと一緒に暮らしていたけど、1975年2月3日にダコタ・ハウスのヨーコの元に戻るときに、ヨーコは条件をいくつか出してるんですよね。「これからはもっと大人らしくふるまうこと、酒を飲まないこと、

映画『ジョン・レノン　失われた週末』（2024年）

頻繁にひとり旅に出ること、自虐的な性格を直すこと」などと。

本橋　マリファナが及ぼす作曲への影響というのは、結局どうなんでしょう？

藤本　それほど関係ないいんじゃないですか。一番強く出たっていうのは、音では『サージェント・ペパー』で、映像では『マジカル・ミステリー・ツアー』ですけどね。1968年にインドに瞑想しに行ったとき、ドラッグはどうですかね、かなり健全だったような気がします。タバコは隠れて吸ってますが。

本橋　瞑想をやってたから、ドラッグは必要なかったんでしょうね。

藤本　アルコールからドラッグ、そしてメディテーションという流れかなと。

本橋　ところでメイ・パンって、いま何やってるんですか？

藤本　メイ・パンは、「ビートルズ関係者」の一員として、「ビートルズフェスト」のようなイベントに顔を出したりしているようですが、映画『ジョン・レノン　失われた週末』も日本で公開され、映画にも多数出てくる写真を収めた同名の回想録も2024年4月に映画と同じタイトルで河出書房新社から復刊されたので、ここにきて日本でもメイ・パンのインタビュー記事が増えました。映画でも出てくるジュリアン（ジョンとシンシアの息子）とすごく仲が良いんですよね。ジョンとジュリアンの再会のきっかけを作ったメイ・パンにジュリアンは感謝していますね。

本橋　そうそう。今日、パティとオリヴィアのツーショットを見つけましたよ。

藤本　本当ですか⁉　よく見つけましたね。ジョージのトリビュート・コンサートを収めた映画『コンサート・フォー・ジョージ』が2023年に日本で初めて公開されましたが、仕切り役がエリック・クラプトンだったのに、あのコンサートにパティは呼ばれなかったんですよね。なので、ジョージの妻オリヴィアとパティは交流はまったくないのかと思っていました。（写真を見て）本当だ、よく探せましたね。

本橋　たまたま今日見つけました。

藤本　ヨーコとシンシアのツーショットに比べて、2人とも笑顔で良かったです（笑）。

メイ・パン＝写真・文『ジョン・レノン　失われた週末』（山川真理＝訳／河出書房新社／2024年）

やおい、腐女子、BLから始まったビートルズ旋風

本橋　ビートルズが世に出たとき、印象的だったのはファンの少女たちの熱狂ぶりですよね。10代少女たちはいつの時代でも熱狂的ですが、ビートルズのファンは次元が異なった。昔も今もこれほど全世界的に少女たちを熱狂させた現象はないですね。

勝本　星加ルミ子さんがこんなことをおっしゃってました。まだビートルズが日本で話題になる前に、編集部にやってきてビートルズのことを夢中になって話していたのは、女子高生だったと。

本橋　なるほど。ビートルズが世界的知名度を得た1964年2月9日の「エド・サリヴァン・ショー」と2月11日「ワシントン・コロシアム」では、ファブ・フォーを観た少女たちが感極まって悲鳴をあげ泣き叫んでいます。チューインガムを嚙みながら悲鳴を発している少女はいかにもアメリカらしい（笑）。印象的なのは、可愛くって可愛くって、食べてしまいたい！　と舌なめずりしてる少女たちです。彼女たちは本当に舌なめずりしてますよ（笑）。リーゼントやGIカットではない、オカッパの4人の男の子がいかに彼女たちにとって新鮮

“宝石ジャラジャラ発言”に次いでテレビ番組「サンデイ・ナイト・アット・ザ・ロンドン・パラディアム」に2度目の出演。1本のマイクに寄り添い「ジス・ボーイ」を歌う（左から）ポール、ジョン、ジョージ（1964年1月12日）

で、可愛かったかがわかります。言うなれば、ボーイズラブ（BL）、やおいの世界ですね。

藤本　ジャニーズ（現・STARTO ENTERTAINMENT）の前にビートルズあり！　ですね（笑）。

本橋　そっちの話はまたいずれ。「シー・ラヴズ・ユー」のときに、1本のスタンドマイクにポールとジョージが向き合って、〝ウウウウ！〟と顔を震わせるときが一番悲鳴が多い。『ジス・ボーイ（こいつ）』のとき、1本のスタンドマイクにジョン、ポール、ジョージが仲良く立って、コーラスしますよね。1本のマイクだからお互いの位置を気にしながら、歌うときはそれこそ顔と顔がくっつきそうになるくらい近寄ってハモる。ジョンが独特のかすれ声で〝CRY〟と伸ばしていくと、少女たちの絶叫がピークに達する。男の同性愛をテーマにした漫画、いわゆるやおい、腐女子、BLは、何気ない普段の男同士の姿に萌えたりする、女性特有の感情です。男同士の性行為もあれば、普通に会話したり、サッカーしたり、といった男同士の日常のシーンに萌えるわけです。肝心なのは、自分のライバルになる女という存在がないこと。男同士の同性愛の世界だからこそ安心できるわけです。ビートルズも愛らしい4人組だけの世界だから、彼女たちは安心して夢中になれた。

藤本　しかもポールは左利きなので、ジョージと並んだり、マイクを分け合って歌ったりすると、左右対称で、見栄えが抜群なんですよね。

本橋　そうそう！

藤本　そういえば、知り合いからこんなことを訊かれたことがあります。ジョンはリーダーなのに、なぜ中央にいないのか？　と。たしかにジョンはほとんど右にいるんですよね。「レボリューション」のミュージック・ビデオでも右にいるし。テレビ番組の収録の際には中央にいるときがたまにありましたが。１９６９年の「ルーフトップ・コンサート」でも中央にいましたが、時代が違いますしね。「ジス・ボーイ」を３人でハモるときは中央にいますが。

本橋　ビートルズがアメリカ進出した１９６４年2月というと、「少年サンデー」で横山光輝・作「伊賀の影丸」第4部「七つの影法師の巻」が連載中だったんです。シリーズ最高傑作とされるこの巻では、敵忍者7人から挑戦状を受けた影丸側隠密忍者7人の忍者バトルです。殺ったり殺られたり。伊賀の影丸人気の特徴ですね。複数忍者たちのトーナメント戦。横山光輝のすごいところは、敵忍者を複数配置することはもちろんですが、影丸側も影丸以上に活躍する忍者が複数人いることでした。第４部では影丸以上に幻也斎、夢麿といったイケメン忍者が活躍するんだけど、いつ彼らが倒されてしまうのだろうと読者はハラハラしながら翌週発売まで待っていました。第３部「闇一族の巻」では影丸側忍者に村雨兄弟という5人の忍者が登場するんです。５人兄弟の末子・源太郎は縄術が得意で幼い顔立ちで、やおい、腐女子、ＢＬ

の作品を大量に書いてきた中島梓（栗本薫）は、この源太郎が美少年初体験でした。

藤本　おお、横山光輝！　私も兄が毎週買っていた「少年マガジン」と「少年サンデー」を5歳のときから読んでいました。「少年マガジン」はちばてつやの「あしたのジョー」の連載が始まる前だったので、たぶん『サージェント・ペパーズ・ロンリー・ハーツ・クラブ・バンド』が出た1967年夏ぐらいから読み始めたんだと思います。赤塚不二夫の「天才バカボン」や楳図かずおの「おろち」は言うまでもなく、ジョージ秋山の「アシュラ」と「銭ゲバ」や山上たつひこの「光る風」のような、当時の社会情勢を反映したマンガ、谷岡ヤスジの「ヤスジのメッタメタガキ道講座」や山上たつひこのアシスタントだった田村信の「で

横山光輝「伊賀の影丸」が掲載された「少年サンデー」（1965年）

「東宝のまんが」に掲載された「伊賀の影丸」第4部「七つの影法師の巻」（1964年）

きんボーイ」のようなナンセンスなギャグ・マンガを愛読してました。「伊賀の影丸」は、あとで単行本で買い揃えました。横山光輝、白土三平、桑田次郎などが忍者をテーマに競作した『忍法十番勝負』も思い出深いです。本橋さんは、デビュー時のビートルズと同じ時期に「少年サンデー」を読んでいたんですね。

本橋　ビートルズが「エド・サリヴァン・ショー」に出演した1964年2月というと、私は小学1年生の3学期。懐かしがる癖のある私は、そのころ自分は何してたんだろうと記憶を掘り起こすんですが、ちょうどシリーズ最高傑作「伊賀の影丸」第4部「七つの影法師の巻」が最高潮に達していたときでした。そんな記憶を交錯させてビートルズを脳内に記録させてるんですね。それを思うとビートルズも伊賀の影丸と同じ男たちの複数チームです。複数というのが夢中になったポイントでした。

藤本　私はビートルズの「リアルタイム」の記憶はありませんが、たとえば「少年マガジン」で連載していた楳図かずおの「ウルトラマン」を、当時住んでいた自宅の数軒先にある家の前の路地で読んだことなどを、今でも鮮明に覚えています。特に、アキコ隊員に化けたメフィラ

横山光輝ほか＝著『忍法十番勝負』（秋田書店／1966年）

ス星人が巨大化する場面ですね（笑）。ほかにも、蔵前国技館に相撲を見に連れて行ってもったときに、横綱・大鵬が土俵に上がり、まだ取組前なのに、お客さんが帰り支度を始めて不思議に思ったことなどです。取る前から勝つのがわかっているということですね。大鵬はそれほど強かったと。そういう「実体験」を通して60年代の意識がある、という感じです。

本橋　なるほど。そういえばうちの母が昔、言ってたのを憶えてます。ビートルズが来日してから突然、日本中にGSブームが巻き起こりました。母は「これは和製ビートルズだねえ」と言ってました。そしてGSに少女たちが夢中になる理由を、当時の評論家が女性週刊誌で言ってたことの受け売りを父に話してました。つまり、思春期の少女は、いきなり大人の男性を好きになるのではなく、その前哨戦としてあまり男を意識させない中性的な少年を好きになるって。

勝本　ビートルズの髪型は中性的という証にもなりますね。

本橋　そう。ビートルズがアメリカ初上陸した1964年2月は、前年11月に発生したケネディ暗殺事件という世紀の事件が起きた3ヵ月後でした。まだアメリカが悲劇から立ち直る前で、ちょうどそこにビートルズというイギリスからやってきた陽性の若者たちが鬱屈した空気を吹き飛ばしてくれた。明るい話題を欲していたメディアもファブ・フォーに飛びついた。

勝本　時代が求めたヒーロー出現という意味でも、60年代から混沌とした21世紀の現在に至るまで、人を幸せにしてくれるビートルズの存在意義や影響力は、大きくて深くて広いと思います。昔「クリープを入れないコーヒーなんて」というCMのキャッチフレーズがありましたが、「ビートルズのいない人生なんて」とつくづく思います。2019年の映画『イエスタデイ』は、まさに「ビートルズの存在しない世界」を描いて大ヒットした作品でしたね。

本橋　ビートルズがいたから、こうして一緒に楽しく深掘りできるわけですが（笑）。あと1962年に大スキャンダル、「プロフューモ事件」がイギリスで発生してます。当時のイギリスのハロルド・マクミラン保守党政権のプロヒューモ陸軍大臣が、モデル兼高級コールガールのクリスティーン・キーラーと性的関係があって、彼女はソ連側のスパイとも肉体関係がありました。この事実が露見してプロフューモは辞任、1963年12月にキーラーは偽証罪で投獄されます。保守党政権は崩壊、労働党が政権を握ります。〝20世紀最大の英政界スキャンダル〟とされたプロフューモ事件がイギリス中を激震させた1963年12月といえば、ビートルズ旋風が吹き荒れた時期で、「毎日新聞」小西記者が例の「オカッパくずしの4人組大人気」の外信を日本に向けてうったときと重なります。

映画『イエスタデイ』（2019年）

藤本　「プロフューモ事件」にもビートルズの影、ですか？　歴史に「たら・れば」は付きものですが、「ビートルズが、もし60年代のグループじゃなかったら？」と考えるのも面白いですよね。

本橋　プロフューモ事件は、後に当事者のキーラーが事件のことを綴った『スキャンダル』（角川文庫）を出しています。これを原作に1989年、映画まで制作されました。劇中に当時の世相をあらわしているのか、ビートルズの「ドゥ・ユー・ウォント・トゥ・ノウ・ア・シークレット」が流れてくるんですよ。意味深です（笑）。角川文庫の帯のコピーは、「キーラー嬢の『愛しただけ それが私の真実』」というものです。1942年生まれのキーラーは、ポールと同い年ですが、写真を見ると、優雅で美しく、これでは陸軍大臣もやられてしまうだろうなと思ってしまいます。実際にどうだったのかというと、後にキーラー嬢本人が、結果的にハニートラップとしてプロフューモから機密を入手していたことを2010年代になって打ち明けてますね。プロフューモはその後、慈善事業に専念し、1975年に名誉回復して受勲されています。

藤本　「ドゥ・ユー・ウォント・トゥ・ノウ・ア・シークレット」を使うとは、いいセンス！

本橋　ですよね。1963年当時、イギリス中を揺るがせたプロフューモ事件という大人の脂ぎったセックス・スキャンダルを当時のイギリスの少女たちは、だから大人って嫌い！

と思ったことでしょう。そこに愛らしいファブ・フォーが現れた。彼らは汚れた大人へのアンチテーゼでもありました。彼らを批判する大人たちも少なからずいたから、よけいに少女たちはビートルズに味方した。

藤本　そう聞くと、ビートルズが来日前の1966年5月22日にTBSテレビの討論番組「時事放談」で政治評論家の細川隆元と小汀利得が、「あんな連中に外貨を与えるな」と批判し、さらに6月5日の放送では「武道館ではなく夢の島でやれ」「こじき芸人だ」と罵倒したのが、即座に頭に浮かびます。全国のビートルズ・ファンの少女たちからTBSに抗議が殺到し、公演直前の6月20日に両者の討論番組「ビートルズにけちをつけないで」が組まれました。ビートルズは、そのくらい旧来の価値観に縛られている大人たちや保守層にとって、得体の知れない存在だったということですね。

UNDERGROUND BEATLES 2

ビートルズがいた街

ビートルズになれなかった男

本橋　デビュー直前にクビになったピート・ベストは、ビートルズ最大の悲劇第4位にランクインされるのでは。

藤本　ベスト10が作れそうですね（笑）。

本橋　藤本さん、ピート・ベストが来日した年、本人に会ってるんですよね。

藤本　２０１３年4月、１９９５年以来18年ぶりに日本にやってきたピート・ベストが、弟のローグとのツイン・ドラムを含む5人編成のピート・ベスト・バンドとして、東京・丸の内のコットンクラブでライヴをやったんです。その2日目のステージ開演前に、運良く話を聞くことができました。「ＣＤジャーナル」の編集部を離れたあとでしたが、ビートルズといえばということで、いまでも一緒にムックを作っている市川くんが声をかけてくれたんです。

本橋　実際に間近で話をしてみて、どんな感じでしたか。

藤本　波乱万丈な半生を送ってきたのは間違いないですが、終始穏やかで、おっとりしていて、性格がいいんですよね。スター気取りでもなく、でも、どこか影があるというか……。さんざん訊かれてきた話ばかりだと思うし、ライヴが始まる前だったにもかかわらず、紳士的な対応で、根のいい人なんだなと思いました。たぶんジョンとポールとジョージは、もっとやんちゃだと思います。ピートの目の青さも、印象的でした。

本橋　そうでしたか。来日してプレイしてるんですよね？　どうでした、ピートのドラム。

藤本　弟と一緒に叩いている、ということもありましたが、まあ普通でした(笑)。ピートが8ビートを刻み、ローグは4ビートに「おかず」を適度に加える感じで。「ボーイズ」や「カンサス・シティ」などもやったと思いますが、「生ピート」を見るのは、やっぱり感慨深いものがありました。

本橋　貴重な経験でしたね。ピート・ベストがクビになった理由、いくつか挙げられますが、そのひとつに「ドラム下手説」があります。本人はこれだけは絶対認めたくないようで、そのたびに真っ向から否定してますね。そんなに下手なら、なんでずっとオレはドラマーとして一緒にやってたんだって。

藤本　けっして上手いとは言いませんけど、それはもう、リンゴが上手すぎるので。ピートはもともとずっとドラムをやっていたタイプではなくて、たまたまドラムを持っていて、母親のモナ・ベストがカスバ・クラブを作ってビートルズを出演させたという流れで、あくまでハンブルク行きのために雇われた人なんです。ドラマーがいないとまずいということで、ポールが声をかけ、形ばかりのオーディションをしてメンバーになったと。

本橋　たしかに腕が良かったら、他のバンドからも声がかかりそうですよね。

藤本　ですよね。それほどやっていなかったわりには上手いともいえるし、やっていなかったので標準以下ともいえるかもしれないですが。

本橋　微妙なところですね。ドラムはスペースをとるし、練習するときもそうとう音が出るので、居住スペースに余裕があったり、ドラムキットを買う余裕のある家でないと無理ですよね。イメージ的にやんちゃなやつがなるという、どら息子。

藤本　ドラムス子（笑）。

本橋　いや、シャレでなく（笑）。うちの妹のダンナは、東大中退でベーシストだったんですよ。

藤本　へえ。そうですか。

本橋　聞いたら、ドラムとベースってリズムの土台なんですね。派手さはないけど、すごく重要。ドラムをやったら、ベースもできると。

藤本　リズム・キープですね。

本橋　そこはぶれちゃいけないと。最近、ピート・ベストのドラミング・テクニックだけをピックアップしたサイトがあるんです。リンゴとアンディ・ホワイトとのドラミングを比較検討して、「ラヴ・ミー・ドゥ」や「プリーズ・プリーズ・ミー」を検証してるんですけど、ピートはあまり安定してなくて、バラけることが客観的にわかりますね。

藤本　デジタル化が進んだ世の中だと、なんでもバレちゃうし、その基準に合わないとダメ出しされるという、なんだか「ハード・デイズ」で「ヘルプ！」な時代ですね。

本橋　ところがデビュー直前にクビになったピートは、世界中から判官贔屓されてます。ドラムのテクニックはそんなにまずくはないけど、逆に手放したくないほど上手いともいえなかった。それより残りの3人とはあんまり交流がなかったじゃないですか。つるんだり、ふざけたりしている写真があまりない。3人はリーゼントをやめ、それまでのテディ・ボーイ・スタイルをやめて、マッシュルーム・カットにしてるのに、ピートだけリーゼントのままです。判官贔屓はアメリカ人でもイギリス人でも同じですね。やっぱりピートに味方しちゃう。ピート・ベスト世界判官贔屓状態。ピートかわいそう。ルックスもいいし、ドラミングもまずくなかったのに、クビにされるほどのもんじゃないわという空気感。

藤本　ビートルズ研究家のマーク・ルイソンもピートに低評価ですよね。でもピートはイケメンだったので、リンゴがメンバーになってすぐの1962年8月22日、ビートルズがキャヴァーン・クラブで「サム・アザー・ガイ」をやったときの映像では、最後に〝We want

Pete!〟（ピートを出せ）〟という野次が聞こえます。しかもジョージは、ピートのファンから頭突きをくらってますね。

本橋　ジョージは左目の下まぶたに青あざをつくっていますよね。青あざをつくったまま、1962年9月4日の「ラヴ・ミー・ドゥ」をレコーディングしてる写真が残ってますね。クビになった理由は、一番人気があったのがピートだったので、ポールが嫉妬したというのがありますね。ピートのルックスはニヒルで映画俳優のようです。西ドイツで美術を学ぶために脱退したスチュアート・サトクリフはジェームス・ディーンのようでしたし。あらためてビートルズというのは、正規の4人だけではなく、一時的にでもメンバーだった彼らもかっこよかったですね。

藤本　スチュアート・サトクリフは、ジョンが美術学校に入ったときの同級生で、シンシアともそこで知り合っています。ジョンはスチュの「絵の才能」に間違いなく惚れこんだんでしょうね。それこそ、ポールとヨーコと同じぐらい、近くにいてほしい存在だったんだと思います。ジョンとポールはすべて対照的と言ってもいいようなコンビでしたが、ジョンとスチュは表裏一体の関係だったんじゃないかと。言うなれば、スチュは、ジョンの内面の弱さがそのまま表に出た存在だったというような印象ですね。ジョンとスチュの関係をポールが嫉妬するのも当たり前だと思います。ヨーコの前にスチュあり、ですね。

本橋　そうですね。先ほど話に出た、ピートのお母さんのモナ・ベストが経営していたカスバ・クラブは、宝くじで大当たりして建てたとか。

藤本　これでだめならと、有り金すべてを競馬に賭けたら大当たりし、それで作ったと。

本橋　いくらぐらい勝ったんですか？

藤本　いくらかはわかりませんが、1954年にモナが、エプソン・ダービーという競馬で、持っていた宝石類を全部売り払ったお金を34倍という人気薄のネヴァーセイダイに賭けた。そうしたら、史上3番目の高配当という大穴となり、その配当金でリヴァプールのヘイマンズ・グリーンにあるヴィクトリア朝風の家を購入したのが、カスバ・クラブの始まりになったと。

本橋　それはまた、何という強運の持ち主！

藤本　カスバ・クラブの開店日（1959年8月29日）は、当初はジョージとケン・ブラウンが参加しているレス・スチュアート・カルテットが演奏する予定だったのに、ケン・ブラウンが店内の装飾を手伝ってリハーサルをすっぽかしたことにレス・スチュアートが腹を立て、代わりにジョージも加わったクォリーメンが出ることになったという逸話があります。

本橋　ジョージはクォリーメンのメンバーじゃなかったんですか？

藤本　クォリーメンだけじゃなかったという感じで、軸足はクォリーメンに置いておきなが

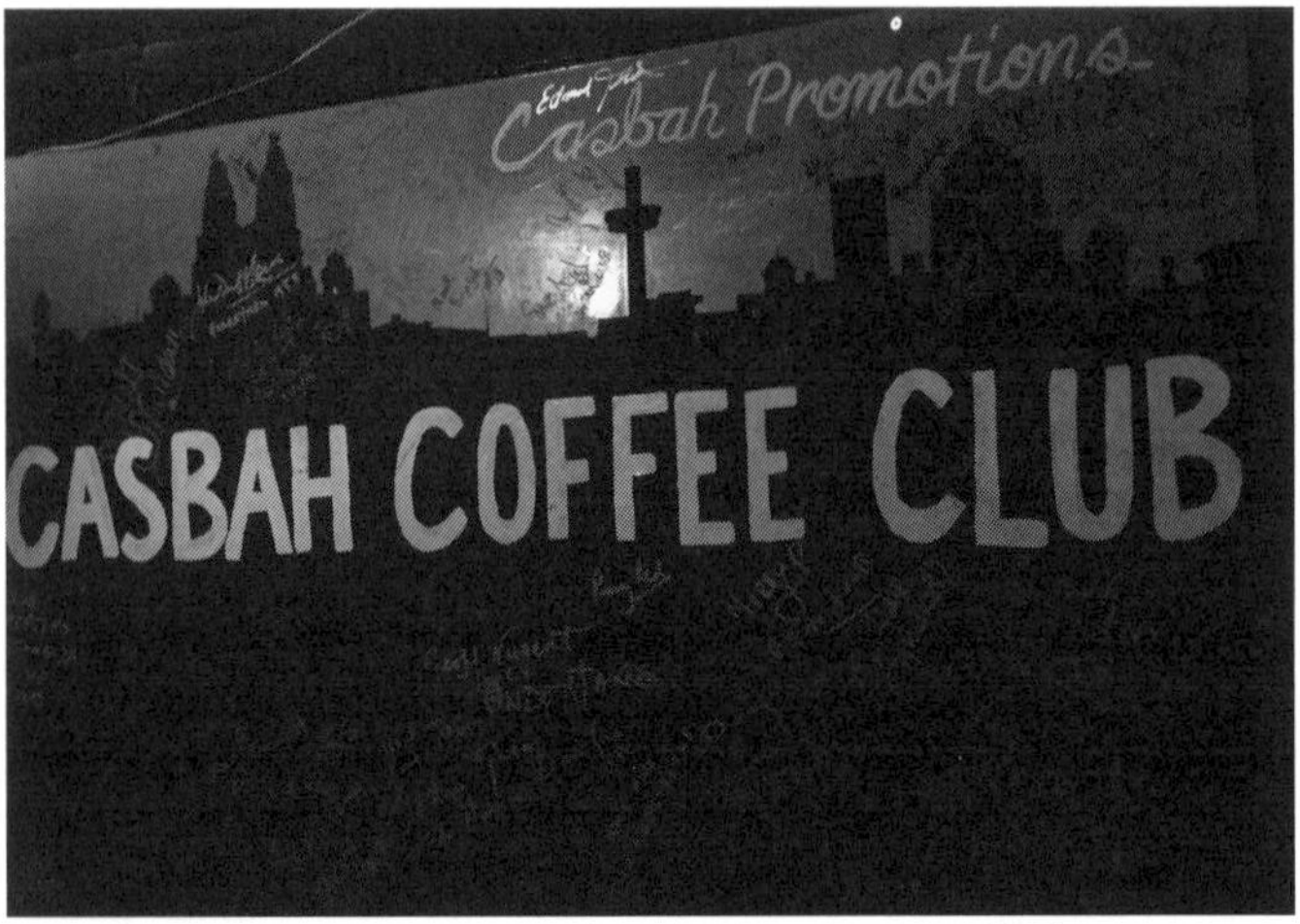

リヴァプールのカスバ・コーヒー・クラブの案内板（2017年10月17日撮影）

カスバ・コーヒー・クラブの天井にジョンがナイフで書いた"JOHN IM BACK"（2017年10月17日／菊池健氏撮影）

らも、当時はまだ、ギター演奏ができる場を他にも求めていたんだと思います。カスバ・クラブは、ジョンもポールもジョージもシンシアも、もちろんピートも内装を手伝っています。大井にペンキをみんなで塗ったり、ジョンがハンブルクから戻ってきたときに天井に「JOHN IM BACK」の文字をナイフで刻んだりしてます。後で手を入れているとは思いますが、今でもそれらを目にすることができるので、カスバ・クラブは、リヴァプールのゆかりの地としても欠かせない場所ですね。

本橋　やはり、デビュー前の思い出の場所は外せないですね。

勝本　モナ・ベストは、アラン・ウィリアムズとブライアン・エプスタインの間にビートルズのマネージャー的存在だったやり手だったんです。そしてピートの母は、よりによってニール・アスピノールとくっついちゃうわけです。ニールは、すでにお話したとおり、マル・エヴァンスと並んでロード・マネージャーとしてビートルズを下支えした人ですが、のちにアップルの取締役になっています。

本橋　ニールとピート・ベストのお母さんが男女の仲って本当なんですか?

勝本　本当です。生まれた子どもが、2013年にピート・ベスト・バンドで来日し、ピートと一緒にドラムを叩いていたローグ・ベストです。カスバ・クラブに行くと、ローグに会える可能性が高いです。マシュー・ストリートにグレイプスというビートルズの行きつけだったパブがありますが、その隣に息子のローグ・ベストが建てたピート・ベスト記念館的な「リヴァプール・ビートルズ・ミュージアム」もあります。

本橋　行きましたか？

藤本　２０２３年の6月の昼食時に初めて入りました。縦長の建物で3階まであり、特にデビュー前後が充実してますが、60年代後半まであるので、たぶんニールが渡したんでしょう。ローグは自分の子どもだから。ビートルズとの繋がりが深いというのがまた、クビになったピートのことを思うと、なんとも不思議で、ちょっと奇妙な縁ではありますね。

本橋　ニールもつらいというか、自分たちがクビにした男のお母さんと男女の仲になって、別れるに別れられず。

藤本　『アンソロジー1』にピートの演奏が含まれたのは、ニールのおかげなのかなと思って、ニールと直接やりとりをしたのかとピートに訊いてみましたが、弁護士同士でやりとりをしたと言ってました。

本橋　「エド・サリヴァン・ショー」に出演したとき、ジョージが風邪を引いて、リハーサルに出られなかった。代わりにニールがギター抱えてリハやってますよね。それくらい4人から信頼されてる。そういう極めて近しい身内のスタッフが、クビにした男の母と同居しているという、情報が筒抜けになる可能性もあるのに。よくエプスタインが許しましたよね。

藤本　先に紹介した『ビートルズ・イン・ハンブルク』の日本語版には、興味深い記述がありました。モナとニールの間にローグが生まれたことで、メンバーのスキャンダルを恐れたブライアン・エプスタインがピートをクビにしたという噂があったと。

本橋　それはまたすごい話！　でもジョンとポールはよく許しましたよね。ニールがモナ・ベストと一緒だということ。

藤本　ニールはポールとジョージとクォリー・バンク中学の同級生だったし、そういう昔からの繋がりはやっぱり大きかったんじゃないですかね。

本橋　いつの時代でもどこの国でも、幼なじみというのは信頼関係が厚いんですね。ハンター・デイヴィスが書いたビートルズの伝記では、ピート・ベストは工場で働いてる、精神的にちょっと落ち込んでる、といった何気ない記述があって、そのころでしょう、ピートが自殺未遂したのは。

藤本　そうですね。

本橋　グッバイも言わずにグループから追い出されたピートの無念というのは計り知れないですね。人類史上最高の成功を収めたグループの一員にあと一歩でなれるはずだったのに。しかも毎日、大成功を収めてる元メンバーを見なければならない。つらいですね。

藤本　前向きな「たら・れば」話は希望がありますが、後ろ向きな「たら・れば」話は、自分を苦しめることになりますし。もしピートがクビにならず、「ラヴ・ミー・ドゥ」や「プリーズ・プリーズ・ミー」でドラムを叩いたとしても、そのあと脱退したかもしれませんし、「トゥモロー・ネバー・ノウズ」ですよね。だからこそリンゴは、運が良かったと自分でも言ってます。

本橋　ピートも手をこまねいていたわけではなく、ピートをリーダーにして、「ピート・ベスト・フォー」、「ピート・ベスト・コンボ」といったバンドを組んでアメリカ進出を企てていますね。アメリカのテレビ「私は誰だ」的な番組にも出ています。残念なことにヒットに恵まれず、グループは人知れず解散するんですが、実はこのとき、アナザー・ストーリーがあるんですよ。

藤本　ピート・ベスト・コンボが、実は日本でビートルズよりも人気があった、というアナザー・ストーリーでしょうか（笑）。

ピート・ベストをめぐるもう一つのドラマ

本橋　懐かしの洋楽をYouTubeで検索して聴いてたんですよ。藤本さん、ルベッツって知ってますか？

藤本　どんなやつでしたっけ。

本橋　1974年に「シュガー・ベイビー・ラヴ」が大ヒットした。いきなり曲のアタマから甲高い声で〝シューガーベイビーラーブ〟って。

藤本　ああ。CMや恋愛ドラマでよくかかりますよね。知ってます、知ってます。いい曲ですよね。

本橋　懐メロとしてルベッツが復活して、ライヴにも出てくるんです。デビュー当時の超高音を口パクでやったのが多いんだけど。何気なく観てたら、同じ曲を違う年輩の歌手も歌ってる。うん？　ルベッツってリード・ヴォーカルは1人だったはず。その年輩の歌手はいつも1人で歌うんですよ。そ

ルベッツ「シュガー・ベイビー・ラヴ」の日本盤シングル（1974年）

れで調べてみたら、ルベッツにもドラマがありました。もともとこの歌はショワディワディというバンドに歌わせるために、セッション・ミュージシャンを集めて制作した曲だったんですね。ところがショワディワディは気に入らず、歌い手がいなくなった不幸な曲だったのですが、セッション・ミュージシャンが自分たちの曲にしたいということで、歌ったものがそのままデビュー曲になったんです。

藤本　「バンドあるある」ですね。

本橋　そのときのグループ名が「ルベッツ」。そしたら大ヒット、いまでは名曲とされています。あの印象的な頭のてっぺんから出たような声は、実はリード・ヴォーカルのポール・ダ・ヴィンチが歌ったものだったんですね。童顔で甘いマスクをしている少年のような歌い手でした。ところが彼はデビュー直前で脱退してしまった。やっぱり自分だけでやっていきたいと思ったんでしょう。またもや宙に浮いた「シュガー・ベイビー・ラヴ」でしたが、バック・ヴォーカルの1人だったアラン・ウィリアムスが歌ったことにしてデビューします。だからリバイバルしたとき、ポール・ダ・ヴィンチとルベッツのアラン・ウィリアムスが歌うことになったんですね。鋼のメンタルというか、自分は歌ってないのに、半世紀たった今も、アラン・ウィリアムスはポール・ダ・ヴィンチが歌った歌を口パクで歌う。彼の名誉のために言っておくと、アランもけっして下手ではない（笑）。

藤本　ビートルズの曲を流しながらリンゴのドラムに合わせてピート・ベストが叩く、というのとは違うわけですね。

本橋　違います（笑）。「シュガー・ベイビー・ラヴ」もリバイバル競作でめでたしめでたし、となったんですが……実はこの名曲とピート・ベストが大いに関係があったんです。

藤本　なんと！

本橋　1964年、ピートを中心に組んだ「ピート・ベスト・フォー」は、のちに1人脱退したので、「ピート・ベスト・コンボ」になって全米進出を企てたところ、鳴かず飛ばず。レコードもピートをフィーチャーした力の入ったものになっていますが、まったく売れず。人知れずグループは解散。ピートのエキストラ的な扱いだったメンバーの消息も泡のように消えた……と思ったら、なんとメンバーだったウェイン・ビッカートンとトニー・ワディントンの幼なじみの2人がビッカートン＆ワディントンとして作詞・作曲活動をするようになったんですね。その1曲が「シュガー・ベイビー・ラヴ」だったんです。ビッカートン＆ワディントンはその後もヒット曲を連発します。1974年11月、ポリドールから発売された沢田研二「愛の逃亡者 THE FUGITIVE」もビッカートン＆ワディントンの作詞作曲、プロデュースでした。「ベスト・オブ・ルベッツ」（ユニバーサル ミュージック）の解説を書いた〝音楽噺家〟こと上柴とおるさんがこの件に関してとても詳しくて、ウェイン・ビッカートンは2015年に74歳で亡くなったことをウェブで綴っています。いやあ、ピート・ベスト、歴史の彼方に埋もれた男でしたが、サイドストーリーは豊潤ですよ。
藤本　ピートが、ひょんなことで売れればベストだったかもしれませんでしたけどね。
本橋　シャレですか（笑）。結局ピート・ベストは1967年、音楽の世界から完全に引退して、1年間、パン工場で働いた後、市役所の職員に採用され、職業安定所に勤務しました。ハンター・デイヴィスの『ビートルズ』は、ピートがパン工場で働いているときに取材したものですね。
ピートがショービジネスの世界から足を洗うと、ピート・ベスト・コンボのビッカートン&ワディントンはしぶとく音楽の世界で生きてヒットメーカーになっていきます。こういう一連の流れを見ると、人生はどこに成功譚が眠っているかわからないと実感しますね。
藤本　私自身、人生は「運と縁と勘」だといつも思っていますが、60年代にビートルズに最も人生を狂わされたピートもなんとかその後も生き抜きましたよね。そしていまは、ビートルズのメンバーでいた時代を懐かしみ、楽しい日々を過ごしています。どう生きるかよりも、どう死ぬかが、実は大事なのかもしれない——青い目のピートを思い浮かべながらいま、ちょっぴりそんなことを思いました。

ダダイズムとビートルズ

本橋　あれからずっと〝オカッパくずし〟が気になって、自分なりに調べてみたんです。

藤本　本橋さんにとっての本書のキーワードは、「オカッパくずし」と「四谷のトルコ」ですね（笑）。

本橋　そうかも（笑）。服を〝着崩す〟と言いますよね。おしゃれの一種で、きっちり決められた型通りに着るのではなく、わざと乱して着る。シャツだったら、第1ボタンまできちっと留めるのではなく、第2ボタン、下手したらどこかのキャスターのように第3ボタンまでしめないで着る。それが着崩す。オカッパくずしも、女の子の前髪パッツンで襟元まで揃えた形のオカッパではなく、ビートルズはあまり整えないで伸ばした。それがオカッパくずし。

藤本　いまだと「あれで長髪なの？」とだれもが間違いなく思うでしょうが、髪の長さがどうのというよりも、前髪でおでこが隠れているのが、当時としては特異というか、珍しかったんですよね。だからこそビートルズには中性的な魅力もあったわけですが。

本橋　まさにその通り。彼らはアメリカのロックンロールに強く影響され、エルヴィス・プレスリーや黒人ロッカーのチャック・ベリーのファンでした。なかでもエルヴィスが好きで、髪型もテディ・ボーイ風、リーゼントですよ。ところが前髪を下ろしてマッシュルーム・カット、オカッパくずしになったのは、1961年、西ドイツのハンブルクで演奏するようになってからですよね。あれほどキメていたリーゼントを捨てて、よくオカッパくずしにしたもんです。リーゼントが様になっていたので、最初のうちはあまりオカッパくずしは似合っていなかった。この髪型は、バンド・メンバーだったスチュアート・サトクリフとその恋人、ドイツ人女性のアストリット・キルヒャーの影響ですね。

藤本　アストリットがまずスチュをオカッパくずしにしたときに、ジョンはスチュを見て笑い転げたそうですね。そのあとやはり「西ドイツ仲間」のユルゲン・フォルマーがジョージをオカッパくずしにし、1961年10月、ジョンの21歳の誕生日に合わせてジョンとポールがフランスに行ったときに、パリに移住していたユルゲンに会い、2人ともオカッパくずしになるという流れですね。

本橋　なるほどね。ハンブルクに巡業しにきたビートルズと知り合ったアストリットは、メンバーのスチュアートと付き合うようになるんですよね。アストリットの恋人だったクラウス・フォアマンは捨てられたかたちでしたが、快く2人を認めたようです。アストリットは写真を学び、プロの写真家としてビートルズを撮り出します。このときの写真がモノクロで静謐ないい写真です。アストリットはデビュー前の無名のビートルズの貴重な写真を記録したと同時に、もうひとつ、あの髪型をビートルズに勧めた世界史的な存在でもあります。

藤本　アストリットは、ジャン・コクトーのようなシュールなデカダンが好きで、自分の部屋のカーペットも含めて黒で統一していたようなので、1964年の『ビートルズ・フォー・セール』に収録された「ベイビーズ・イン・ブラック」は、黒い服もよく着ていたアストリットへの思いを歌った曲だとも言われています。

本橋　ああ、そうなんですね。当時、ハンブルクのアーティスト系学生が前髪を下ろしたオカッパ風の髪型をしていて、アストリットはそれを勧めたんですね。実はこの髪型は戦前、日本からフランスに渡り、活躍した世界的画家・藤田嗣治がすでにやってるんですよ。前髪を下ろし、眉毛の上でパッツンと揃えて切っている。

見事なオカッパです。パリやハンブルク、ベルリンといったヨーロッパの美術が盛んな都市では、すでに戦前から奇抜な髪型を好む画家が多かったんですね。「のらくろ」で有名な田河水泡も、ベルリン帰りの美術家・村山知義の呼びかけで結成されたダダ運動のMAVOという前衛芸術集団に所属してい

ビートルズよりもはるかに早い藤田嗣治の「オカッパくずし」（1939年）

ます。ダダとは1910年代の芸術運動でダダイズムとも呼ばれますが、既成の秩序や常識に対する否定、破壊を意味し、ファッションスタイルも常識にとらわれない奇抜なものを取り入れています。その田河水泡も、長髪を真ん中から分けた髪型でもうジョン・レノンみたいです（笑）。大正時代にジョン・レノンですからそうとう目立ったでしょう。

ヨーロッパの美術、音楽の世界ではダダイズムがベースになったものが伝統的に息づいているようです。

藤本　田川水泡とジョン・レノンとの意外な繫がり！　そして「のらくろ」の「くろ」はアストリットの黒！（笑）。

本橋　言葉遊びもそのくらいにして（笑）。アストリットがビートルズに勧めた髪型は、フランスの実存主義運動に関わっている人たちが好んでやっていたので、やはり既成の価値観にとらわれないダダイズム的なものが根底にあったのではないでしょうか。それにしてもテディ・ボーイのビートルズが、よくこんな芸術家タイプの髪型を取り入れたものです。ここで彼らの運命が大きく舵を切ったのではないでしょうか。

藤本　とくにジョンは、落第生だったからとはいえ美術学校に通い、絵や文学などにも通じ、芸術志向が強かったので、共鳴したんでしょうね。スチュの影響も大きかったと思います。ハンブルクの若者は当時、イグジス（実存主義者）と言われていて、いわばイギリスのモッズやロッカーの知的なタイプでもあったので、髪を上げるのではなく下げることで、知的な雰囲気を出したいと思うように徐々になっていったのかなと。

本橋　まさしく。アストリットと付き合いだしたスチュアート・サトクリフでしたが、ビートルズ・デビュー間近の1962年4月10日、以前ケガをした頭部の内出血で死亡します。21歳の若さでした。一番仲が良かったジョンが最も嘆き悲しんだ。亡くなってから、アストリットの家にあったスチュアートのアトリエで、ジョンとジョージが写真を撮っています。撮影はアストリット。沈痛な面持ちのモノクロ写真は芸術的ですね。

藤本　その写真は、ビートルズのセカンド・アルバム『ウィズ・ザ・ビートルズ』（撮影はロバート・フリーマン）の元のアイディアだったとも言えますね。

本橋　ハーフ・シャドウの写真ですね。

藤本　アストリットが最も仲が良かったのはジョンとジョージだということもわかりますね。２０１９年にハンブルクに行ったときにアストリットの家も見に行きましたが、あの家の最上階でジョンとジョージは、スチュが亡くなった後に写真を撮ったのかと、やはり感慨深い思いになりました。

本橋　おおー！　あの部屋まだあったんですね。すごい。ダ

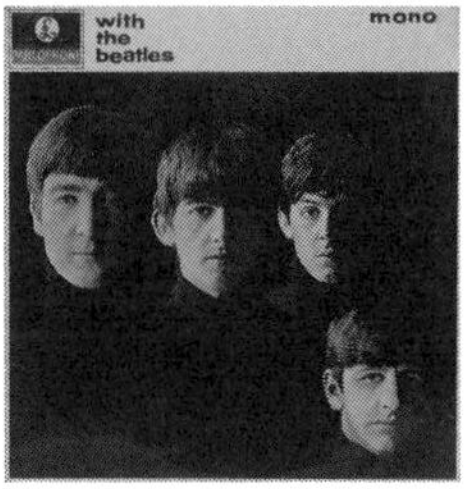

ビートルズ『ウィズ・ザ・ビートルズ』（1963年）

ダイズム的なオカッパくずしでデビューした4人組ですが、その髪型をキープしつつ伸ばしていった。それが世に言うビートルズ・カット、マッシュルーム・カットでした。ビートルズが世に出たとき、テレビ番組の司会者がカツラをかぶってビートルズになりきろうとしたりしてます。あの髪型はまったく新しいファッションとして一気に世界中に伝播しました。もしもビートルズが昔のスタイルのように革ジャン・リーゼントだったら、あんなスタートダッシュが切れたか。またＧＩカットのように短く刈り上げた髪型だったら、どうだったか。

藤本　革ジャン・リーゼントのままだったらピートはクビにならなかった……とは思いませんが、リーゼントは1961年まで、革ジャンは1962年のデビュー前までのイメージですね。そのイメージを受け継いだのが、永ちゃん（矢沢永吉）のキャロルでもありましたね。

本橋　だからキャロルが1972年10月8日、フジテレビの「リブ・ヤング！」のスタジオに突如登場してオールディーズを演りだしたとき、衝撃を受けましたよ。ああ、これはハンブルク時代のビートルズだ！　センス良かったですね。

藤本　そうでしたね。

本橋　ビートルズ・カット誕生のアストリットの功績は大きかった。あまり表に出てこない彼女でしたが、『アストリット・Ｋの存在　ビートルズが愛した女』（小松成美＝著／世界文化社／1995年）では、詳細が綴られています。

ビートルズの大成功の一方、アストリットは結婚して、仕事はやめますが、離婚後、また表舞台に立ちました。写真家に復帰しましたが、ブランクもあったせいか、以前のような腕ではなくなってますね。クラウス・フォアマンは音楽活動をやりながら、ＬＰ『リボルバー』のジャケットを手掛けたことでも有名です。ビートルズの『アンソロジー』シリーズのジャケットを手掛けたり、ＧＬＡＹのアルバム・ジャケットのデザインもやってるんですが、『リボルバー』のジャケットのようにメンバーの髪を1本ずつ描くあの画風がそのまま息づいていました。

藤本　アストリットは、１９６４年の映画『ハード・デイズ・ナイト』の撮影にも同行していますし、１９６８年のジョージの『不思議の壁』のサウンドトラック盤の中ジャケのジョージの顔のアップ写真も撮っています。リンゴも含めてビートルズとは長年交流がありますね。クラウスはＧＬＡＹのほかにも、『リボルバー』のようなイメージでと言われてジャケット・デザインを手掛けることもわりと多いですが、中でも１９８８年のジョージのビートリーなシングル「ＦＡＢ」のジャケットのイラストがやはり傑作です。

ジョージ・ハリスン「FAB」の日本盤シングル（1988年）

ビートルズ『リボルバー』（1966年）

13日間ビートルズだった男

本橋　1964年6月、リンゴが扁桃腺をこじらせて摘出手術をしなければならなくなって、ビートルズの世界ツアーに参加できなくなります、ツアー中止を選ぶか代役を立てて強行するか、ブライアン・エプスタインは選択を迫られます。

藤本　アイドル全盛時代でもあり、穴を開けたくなかったんでしょうね。それでジミー・ニコルという24歳のドラマーを代役として立てることになりました。

本橋　無名のドラマーをよく選びましたよね。

藤本　ジミー・ニコルは、1964年に『BEATLEMANIA』というビートルズのカヴァー・アルバムにクレジットなしでドラムで参加していて、エプスタインも演奏を聴いたことがあったようですが、彼を推薦したのはジョージ・マーティンだったと。1988年に初めてイギリスに行ったときに、たまたまそのレコードを買いましたが、ま

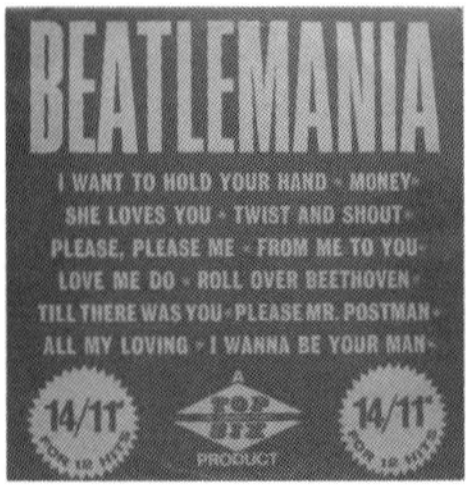

ジミー・ニコルが参加したビートルズのカヴァー・アルバム『BEATLEMANIA』（1964年）

さかジミー・ニコルが参加していたとは、そのときはまったく思いませんでした。

本橋　ギリギリの妥協案ですね。せめてリンゴのルックスに似ていればいいんですが、似ても似つかぬで……。

藤本　背の高さは同じぐらいですよ（笑）。ポールはジミー・ニコルのことは知っていたそうで、ジョンも代案を受け入れましたが、リンゴと最も仲の良いジョージは反対しました。やらなきゃよかったと、後になってもジョージは語っていますね。

本橋　あらためてビートルズの4人は、本当にアイドル的なルックスも備わっていたというのを痛感します。ジミー・ニコルが横に並ぶと、残酷なくらい、明らかに浮いていた。ツアーに急遽代役で参加する際、メンバー同様マッシュルーム・カットにして、同じコスチュームをあつらえていますね。ジミー・ニコルは1日で全曲のドラムを覚えたといいます。それでいざツアーへ。オランダ、オーストラリア、ニュージーランド。

藤本　リンゴが着ていたスーツを、ジミーに合うように仕立て直したそうですね。

本橋　へえー。人気絶頂のころだから、どこに行っても熱狂的に迎えられて、オランダでは船に乗って運河を凱旋してますが、両岸に見たこともないような大群衆が押し寄せてる。ジョン、ポール、ジョージは優しいというか、ジミーを演奏のときだけなく、凱旋のときも記者会見でもテレビ出演のときでもリンゴと同様に顔を出すようにマネージャーに要望してま

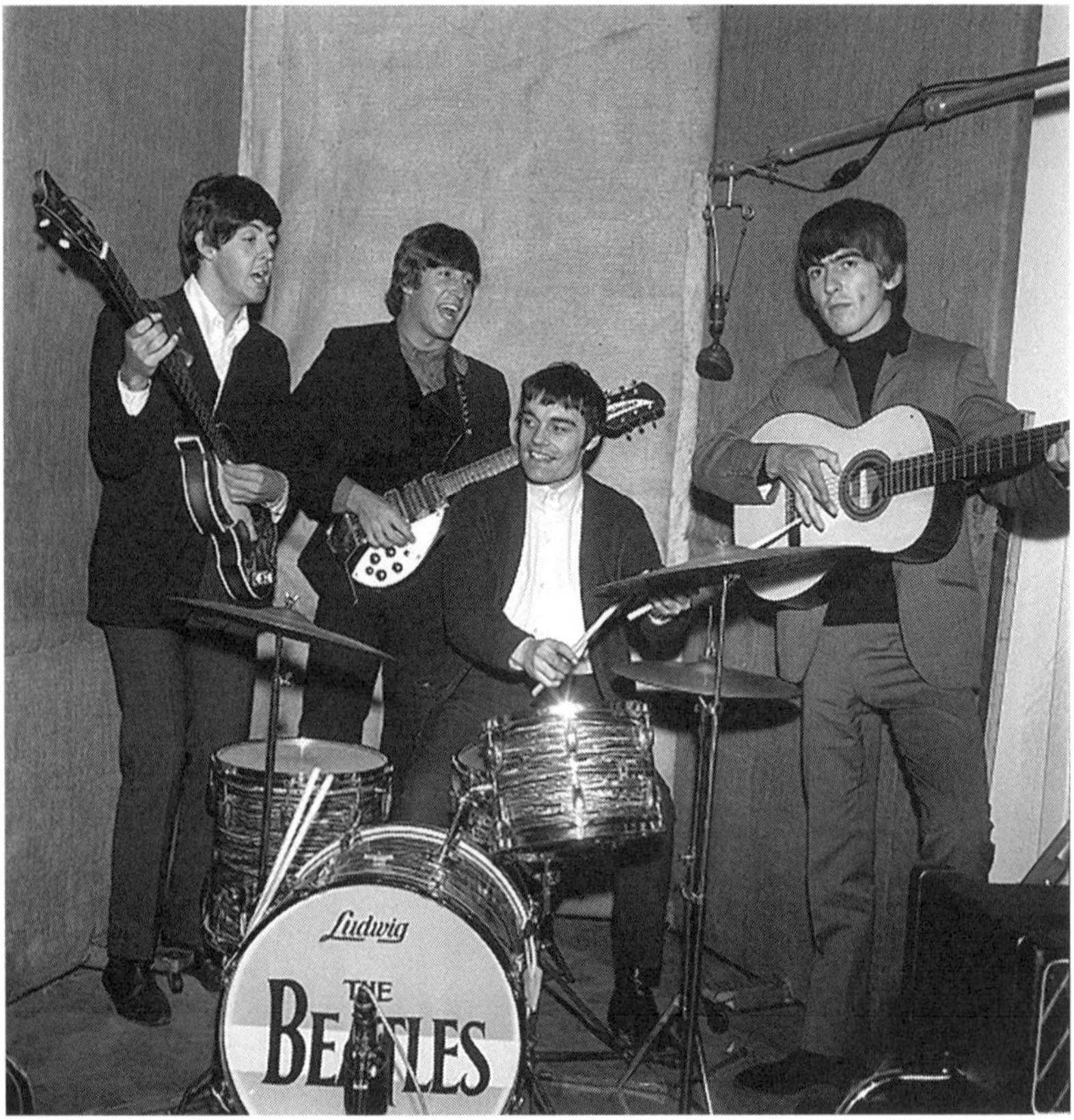

急病のリンゴに代わって、EMIの第2スタジオでツアーのリハーサルを行なった“ジミー・ニコル&ザ・ビートルズ”（1964年6月3日）
©Popperfoto via Getty Images/Getty Images

す。ジミーはこのとき音楽業界用語でいう〝トラ〟ですよね。レギュラー・メンバーに欠員が出たときに外部からのメンバーとして呼ばれる、いわゆる代役です。今でもトラはいますが、ステージに登場しても、スポットが当たらないように、あくまでも匿名性を保ってます。ところがジミー・ニコルはレギュラー・メンバーとまったく同じ扱いで、記者会見でも堂々と真ん中に並んで、受け答えしてるんですよね（笑）。

藤本　ジミー・ニコルは地味な存在なので、3人の雰囲気に溶け込むようにみんなが気をまわしているのがわかりますよね。ピート・ベストの心境やいかに、ですが。

本橋　残された映像を観ると、ジミーのドラミングはワイルドで乗りがいいですね。

藤本　最初は一生懸命に叩き過ぎたようですが、よくぞ大役を務めあげましたよね。

本橋　ジミーによれば、本当かどうかわからないけど、〝ジョンはリンゴより自分のほうが演奏に合ってる〟と言ったとか。

藤本　言ってることの半分は意味のないジョンならではの物言いですかね（笑）。

本橋　ジミーも熱狂的な大群衆に巻き込まれ、一時期とはいえ、錯覚してますね。この状態がいつまでも続きますようにって。数万人の群衆が自分たちを歓待する。ジミーは関係ないのに、オレはすごい！　と思ってしまっても無理はない。オランダ、オーストラリア、ニュージーランドの公演とテレビ出演、13日間でしたが、ジミーにとっては夢の中の出来事だったでしょう。夢なら醒めるな！

藤本　映画『ザ・ビートルズ：Get Back』で、４人がジミー・ニコルについて喋っている場面が出てきます。演奏が終わった後にジミーが女の子に見とれてばかりいるので、ポールが、まだ演奏をする前なのにわざと「ワン、トゥ……」とカウントを取ると、ジミーは慌ててスティックを持って叩こうとする。その仕草が笑えると。それに続けて、ジミーの口癖の話も出てきます。本番前に調子を訊かれたジミーが「ゲッティング・ベター」と何度も言うので、それを覚えていたポールが、『サージェント・ペパー』に、そのフレーズを使った曲を入れたというやつですね。

本橋　そうでしたね。リンゴが退院して急遽、オーストラリアに到着します。それと引き替えにジミーは帰国します。ブライアンはジミー・ニコルに最後のギャラの500ポンドと、プレゼントとして金の腕時計を渡しました。「ビートルズとブライアン・エプスタインよりジミーへ　感謝を込めて」という文字が刻まれていました。なかなかやりますよね。ピート・ベストへの冷たい態度とは比べものにならないくらい、ジミーに気を遣ってます。後のインタビューでは、２年間何もしないで暮らせるギャラをもらった、と証言しています。

藤本　おそらく「口止め料」も含まれているんでしょうね。

本橋　かもしれない。ジミーがビートルズでなくなるときがやってきます。歓迎レセプションに出席して疲れて寝ている3人のビートルズに遠慮して、彼らに挨拶することもなく、ジミーは静かにホテルを立ち去っていくんですよね。ガランとした出発ロビーにジミー・ニコルが1人、ポツンと座ってる写真があるんですが、これがなかなか泣ける、いい写真なんです。この写真だけでドラマが作れるくらい。奇跡の体験をしてしまったジミー・ニコルは後のインタビューでもビートルズになれるかもしれない、と錯覚していますね。なれないんだけど……。

藤本　ビートルズのアイドル全盛期のコンサートを、メンバーとして体験できた唯一の存在ですから、夢か幻か……。

本橋　この後、数奇な運命を辿っているんですね。ビートルズのライヴのときジミーがいたバンドが前座で出て、楽屋でビートルズと再会を祝したり、ジミーのいたバンドが解散すると、ポールが気を利かして、ポールが付き合っていたジェーン・アッシャーの兄、ピーターが組んだピーター&ゴードンのドラマーとして推薦して仕事を一緒にしています。

その後、食い詰めて破産すると、ジミーはスウェーデンのインストゥルメンタル・バンド、スプートニクスのドラマーに採用されます。スウェーデンのベンチャーズとも呼ばれ、日本でも人気がありました。デビュー当初は人工衛星スプートニクにあやかって宇宙服着たりして、チープ感がありましたが、曲が良くて、なかでも「さすらいのギター」は人気があって、ハーフのタレントの小山ルミがカヴァーしてヒットさせています。

藤本　ジミーの参加前ですが、日本では「霧のカレリア」が有名でしたね。

本橋　そうそう。実はジミーは1965年には来日してるんですね。来日に関しては、ビートルズの1966年より1年早い。全員がブルーのスーツに蝶ネクタイで、膝に両手を置いて、日本人風の挨拶をしているレコード・ジャケットまであります。1966年3月にポリドールから発売されてますね。

藤本　当時の『ミュージック・ライフ』にも、そこそこページを割いた来日記事が出ていますが、リンゴの代役を務めてビートルズのステージに立ったことは、それほど話題にしていなかったです。

本橋　そうでしたか。このとき興味深い話があって、1966年のビートルズ来日直後から日本でビートルズを真似たGSブームが起きます。大阪のアマチュア・バンド、オックスもその1グループで、ヴォーカルの野口ひでと（現・真木ひでと）がステージでローリング・ストーンズの「テル・ミー」を歌うとき、ステージでパフォーマンスをするんですね。後の失神バンドとして名を馳せる、前哨戦です。

　1968年1月下旬、スプートニクスが来日してオックスが前座を務めるんです。このときも野口ひでとがステージでアンプを倒したり楽器を壊してるんです（笑）。

野口ひでとが回想しています。

「ある夜、スプートニクスの2人が宿を訪ねてきた。乱行を咎められるのかと思ったら〝ユーたちはすごい。このままのスタイルで行くんだ。ザ・フーよりすごいぞ〟と英国のスターの名を挙げて褒めてくれた。」（2020年6月6日「日本経済新聞」）。

このとき宿を訪ねてきたスプートニクスの2人のうちの1人がジミー・ニコルだったら最高なのに、そこまではわかりませんでした。でも不思議な縁ですね。その後、ジミーは薬物中毒になって、メキシコ・ツアーの途中で失踪してしまう。音楽以外の仕事をしたりして、一時期死亡説が流れましたが、生存が確認されています。

藤本　ジミー・ニコルの半生もまた、山あり谷ありだったんですね。関係者に限らず、「ビートルズに人生を狂わされた人」は、私も含めて世界中に数えきれないほどいますが、幸せな人とそうではない人が混在しています。ビートルズは、魅力だけでなく、魔力も持ち合わせているなあとつくづく思います。

愛すべき巨漢、4発の銃弾に沈む

本橋　ビートルズ最大の悲劇といえば、やはり1980年12月8日のジョン・レノン射殺事件でしょう。

藤本　あまりに衝撃的でした。

本橋　次の悲劇といえば、ジョージ・ハリスンの早すぎる癌死。菜食主義者でヨガもやり、いちばん長生きしそうだと思われたのに。58歳で旅立ちました。

藤本　個人的にはジョンもジョージもどちらも辛い出来事でしたが、ジョージのときは、ある種の心構えというか観念のようなものがまだあったので、ジョンのときの衝撃ほどではなかったですが。

本橋　そうですね。その次の悲劇といえば、ビートルズ自身ではないんですが、彼らに最も信頼されたビッグ・マルこと、マネージャーのマル・エヴァンスの射殺事件ではないでしょうか。

藤本　ビートルズの関係者は、ジョージ・マーティンやシンシアやリンダも亡くなっていますが、マル・エヴァンスは70年代半ばで、まだ若かったし、亡くなり方もジョンと同じく衝撃的でしたからね。

本橋　1966年来日時には、ポールを差し置いて四谷のトルコ風呂に、おそらくイギリス人として初めて入浴できた幸運児でしたが……。

藤本　ここにも出てくる「四谷事件」！（笑）。

本橋　マル（マルコム・フレデリック）・エヴァンスは1935年5月27日生まれだから、ビートルズ年長組1940年生まれのリンゴ、ジョンよりも5つ年上、ポールより7つ、ジョージより8つ年上で、兄弟でいえば長兄。年齢的にも頼りになる兄貴で、体格も2メートル近くあり（197センチ）、ボディガードとしても最適でした。ビートルズとの出会いは、彼らがライヴをよくやっていたキャヴァーン・クラブの用心棒としてですよね。マネージャーのブライアン・エプスタインに気に入られて、ビートルズのロード・マネージャー兼パーソナル・アシスタントとしてニール・アスピノールとともに雇われました。パーソナル・アシスタントというと、要するに雑用係、なんでも屋ですね。

藤本　女性も薬も運んじゃう。

本橋　「エド・サリヴァン・ショウ」出演のためにアメリカ上陸した1964年2月。ほとんどの家庭が、イギリスから来たおかっぱ髪の4人を観るためにチャンネルを合わせた。2日後の2月11日にワシントンDCのワシントン・コロシアムでアメリカ初の公演をやってます。モノクロ映像で、アングラ作品みたいに画質の粗い記録フィルムが残されているのが有名ですが、このときのアメリカの少女たちの熱狂ぶりが世界中に広まり、ビートルズ旋風が起こった。観客席の中央にステージがあって、1曲終わるたびに向きを入れ替えて次の曲に移るんですが、ギターの3人はマイクスタンドを変えるだけで済むけど、リンゴのドラムはセットごと180度変える必要がある。どうするのかというと、ドラムスの乗っているちゃちな台を手で回すんですね（笑）。誰が回すのかというと――。

藤本　リンゴですよ（笑）。

本橋　そう（笑）。リンゴが回してる。

藤本　誰も手伝わないでしょ。あれはひどいですね。今じゃあり得ないです。

本橋　あり得ない！

藤本　当時はアメリカのほうがショービズで言えば上だっていう意識があったからでしょうか。台も回さないし、気も回らない。でも、ああいうステージはほかでは観られないから、面白いです。

本橋　たしかに（笑）。リンゴが自分でドラムキットの乗ってる台をグルグル回してるんですよね。でもけっこう重いから途中でフラフラになってる。

藤本　ジョンが客席のスタッフに向けて、「リンゴにやらせるなよ。誰か回せよ」と言って

初のアメリカ公演会場となったワシントン・コロシアムで、演奏の合間にドラムを動かすリンゴ（1964年2月11日）
©Trikosko/Library of Congress/Interim Archives/Getty Images

るようなシーンがありますよね。途中からマル・エヴァンスが手伝っています。

本橋　信じられない。リンゴのドラムを誰が回すか、事前の演出打ち合わせがなされていなかったのか。あるいは誰かが回すだろうと勝手に思っていたのか。失敗の法則みたいな一文が書けそうですよ。責任の不在。途中でリンゴに向かって客席から何か叫んでる、スーツに頭の薄いおじさんが、やっとステージに上がって台を自分で回しだした。あの人、どこかで見た覚えがあるんだけど。

藤本　ああ、ディック・ジェームズですね。

本橋　ディック・ジェームズ！　ビートルズの楽曲を管理する会社、ノーザン・ソングスの社長。まさか音楽出版の社長みずからステージに上がって、ドラムの台を回すとは（笑）。スタッフは他にいなかったのかよって（笑）。

藤本　ホントですよね。デビュー当時はブライアン・エプスタインもビートルズも、音楽ビジネスに関しては素人同然だったので、楽曲の権利に関しても詳しいディック・ジェームズを頼り、「レノン＝マッカートニー」の曲を管理するノーザン・ソングスをディック・ジェームズ・ミュージックと共同で行なうことにします。でもずる賢いジェームズは、半々ではなく、自分の取り分を51％にしたんですよね。しかも、ノーザン・ソングスを管理する手数料として、ディック・ジェームズ・ミュージックは、１９７３年2月まで総売上の10％を受け取るという契約を結んでいます。
本橋　口車に乗せられた感じですね。
藤本　映画『ザ・ビートルズ：Get Back』には、スタジオにやって来るディック・ジェームズに対して、つれない態度をとるポールと、出ていけと言わんばかりのジョンの様子が出てきます。ジョージは自分に特に被害がないからか、普通に接していますけどね。そして1969年3月にディック・ジェームズは、ノーザン・ソングスの株を、2人には無断でATVミュージックに売り渡してしまい、それが流れ流れてマイケル・ジャクソンの手に一時渡るということにもなりました。ディック・ジェームズはもともと歌手で、「ロビン・フッド」のテーマ曲をジョージ・マーティンのプロデュースでヒットさせたりもしていたんですけどね。まあ、それでも、どこの馬の骨かわからない頃に「レノン＝マッカートニー」の才能に目を付けたのだから、先見の明はやはりあったとも言えます。
本橋　たしかに。ビートルズは、取り巻きも面白い。マル・エヴァンスもその1人ですが、ビートルズの4人と仲が良くて、ビートルズが口髭をはやしだした1967年にはマル・エヴァンスもはやしてますよ。
藤本　ニール・アスピノールともどもビートルズのメンバーに信頼されていたので、マルはレコーディングにも参加してますよね。『サージェント・ペパー』のなかの1曲「フィクシング・ア・ホール」の詞はほとんどポールとマルとで書いたと、前に話したマル・エヴァンスの書籍に書かれてます。「フィクシング・ア・ホール」ができたとき、「レノン＝マッカートニー＝エヴァンス」にするとポールに言われ、「これで車が買えるんだ」と思っていたけど、そのままクレジットなしで終わったという話も出てきます。当時の日記にマル本人が書いているのだから、かなり信憑性は高いですよね。マル・エヴァンスの貢献度の高さは見逃せないです。

本橋　映画『レット・イット・ビー』でも、マルが「マックスウェルズ・シルヴァー・ハンマー」でハンマー、がんがん叩いてるし。

藤本　「ザ・ロング・アンド・ワインディング・ロード」の歌詞を手伝ってる場面も、映画『ザ・ビートルズ：Get Back』に出てきます。「レット・イット・ビー」の〝マザー・メアリー〟も、もともとはポールの夢に出てきたのはマル・エヴァンスで、だからポールは〝ブラザー・マルコム〟と歌っていて、ジョンもそっちにしろと言ってました。アイヴィーズ（のちのバッドフィンガー）をアップルからデビューさせたのもマルですしね。バッドフィンガーのセカンド・アルバム『ノー・ダイス』（1970年）に

バッドフィンガー『ノー・ダイス』（1970年）

入っているヒット曲「嵐の恋」ほか、マル・エヴァンスがプロデュースした曲もいくつかあります。

本橋　バッドフィンガー！　ジョージの「バングラデシュ難民救済コンサート」でも、バック・バンドとしてステージに立ってました。その後、残念ながら、2人みずから命を絶ってますね。

藤本　ピート・ハムとトム・エヴァンス。スタン・ポリーという、アラン・クライン以上の悪徳マネージャーのせいですね。

本橋　そして彼らをスカウトしたマル・エヴァンスもまたビートルズ解散後は順調とはいえない日々でした。ファブ・フォーとともに過ごした栄光の時代を離れて、これから自分でやっていかなければならない。もう偉大な4人組の威光に頼らずやらないと。でも超大物たちと仕事をしてきたから、つまらない、小さな仕事はやれない。さしたる成果をあげないまま、1973年には仲むつまじかった奥さんと離婚してます。新しい恋人もできたんだけど。

藤本　そしてマルがドラッグで錯乱し、恋人が警察を呼んだら、マルが空気銃を警察に向けたので撃たれてしまうという悲劇が起きた。

本橋　6発発射して4発がマルに命中した。映画『レット・イット・ビー』で屋上に上がってきた警察官が演奏を中止するように命じますが、マルが必死になってまるく収めようとしますよね。あのシーンを観ると、警察へそんなに対抗心を見せていたわけじゃないのに、まさか自分が警察に射殺されるなんて。

藤本　悲劇的な流れになってしまいましたが、マルが書いていた日記が公表されるとまずいと思っている人にやられたんじゃないかと、私は長い間思っていたんです。日記には、ドラッグのことや女性問題など、表立って知られたくない「アンダーグラウンド・ビートルズ」的な内容も書かれているに違いないと。その日記も、紛失してたと思っていました。そうしたら、マルの息子と娘が金庫にずっと仕舞い込んでいたことがわかり、それが2023年に公表された。映画『ザ・ビートルズ：Get Back』もそうでしたが、マルの日記も、「ビートルズ史」の新たな掘り起こしという点で、とても意義のあることですよね。

ビートルズがいた街

本橋　藤本さん、『アビイ・ロード』の横断歩道、渡った？
藤本　ええ、行くたびに。あそこが、世界的にも一番の聖地になってますね。
本橋　世界中からファンが来るから、渡るのも順番待ちみたいな（笑）。あそこの車道は広いんですか。
藤本　そんなに広くはないです。（アップル本社ビルがあった）サヴィル・ロウの前よりは広いけど、ただの横断歩道です（笑）。最寄りのセント・ジョンズ・ウッド駅の近くにはポールの家もあるので、アビイ・ロードからポールの家に行くというのが「ゆかりの地巡り」のハイライトのひとつになってます。家からこんなに近くにスタジオがあるんだから、ポールが1人で先に行って「オー！　ダーリン」を歌

アビイ・ロードの横断歩道（2017年10月18日／菊池健氏撮影）

ヘンリー・オン・テムスにあるジョージの自宅「フライアー・パーク」（2017年10月18日撮影）

いこんだり、『アビイ・ロード』のジャケット撮影時にサンダル履きで行ったりするのが、実際に行ってみるとよくわかります。

本橋　ポールの家からアビイ・ロード・スタジオまではどのくらいかかるんですか。

藤本　歩いて10分ぐらいですね。セント・ジョンズ・ウッド駅からポールの家は5分ぐらいでしょうか。駅からスタジオまでは、ほぼ

セント・ジョンズ・ウッドにあるポールの自宅（2017年10月17日／菊池健氏撮影）

直進で10分もかからずに行けますが、ポールの家は左手にあるんですよね。

本橋　ポールの家と、別れたジェーン・アッシャーの家は近いんですか？

藤本　そうでもないです。でもロンドンは狭いので、歩こうと思えば歩けるし、電車でも何駅かで行けます。セント・ジョンズ・ウッドは北西の方ですが、ロンドン中心部からみると、東京でいえば田園調布みたいな、のどかな高級住宅地です。緑も多いし。

本橋　少年時代の彼らの自宅の距離ですが、実際、ジョンとポールの自宅はどれくらいの距離だったんですか？

藤本　地図で見ると、直進で1・3キロぐらいなので、徒歩で15分強ぐらいですね。

本橋　ああ、かなり近いですね。

藤本　ジョンとジョージの家は3キロ強で、ポールとジョージの家は3・5キロぐらいはありそうです。

本橋　そういう距離感を知ると、彼らはリヴァプール生まれで、ごく自然にバンド・メンバーになって、世の中に打って出た。作られた人工の商業主義的なバンドではなかった、というのがわかりますね。そんな幼馴染みだったのがビートルズの魅力でもある。まあ、仲が良い親友は、いったん仲がこじれると大変、というのも解散時に痛いほどわかるんだけど。

藤本　ジョンとポールは、ある意味「相思相愛」でしたから、ヨーコがジョンと一緒になってからのポールの心情や、ポールがリンダと一緒になってからの2人の距離感とか、ほかの人にはわからない2人の暗号めいたやりとりとか、他人がどうこう言えるようなものでは本来ないんでしょうね。あれこれ言っちゃいますけど（笑）。

本橋　仲がいいからジョンとポールは、どちらがどんな曲を書いても、「レノン＝マッカートニー」のクレジットでいこうと決めた。こんな素晴らしい友情はないですよ。

藤本　ポールが1人で書いた「イエスタデイ」にはさんざん稼がせてもらったとジョンも言ってましたね。

本橋　ジョージは作詩・作曲を1人でやってるから、印税も両方入る。ジョンとポールの作曲数に比べたら少ないけど、馬鹿にできない額ですよね。

藤本　カヴァー曲が「イエスタデイ」についで多い「サムシング」やエリック・クラプトンが参加した「ホワイル・マイ・ギター・ジェントリー・ウィープス」があるし、いまではそれよりも人気の高い「ヒア・カムズ・ザ・サン」もありますからね。

本橋　ジョージの自宅の、お城のようなフライアー・パーク、すごいですよね。藤本さん、行ったんですよね。

藤本　フライアー・パークも、行ってみて大きな感動を覚える場所ですね。ジョージ好きならなおさらだと思います。まわりを一周したことはまだありませんが、東京ドームぐらいはありそうです。

本橋　あそこはロンドン？

藤本　ロンドン郊外で、ヘンリー・オン・テムズっていう、テムズ川沿いで、ボート競技とかをやる避暑地です。晴天のときはとくに心も晴れ晴れします。現地に行くと不動産屋が多く、別荘地として購入する人も多いんじゃないかと。ロンドンの中心部から電車で1時間半ぐらいで行けます。

本橋　ジョージはフライアー・パークで農夫の恰好で庭いじりやってますね。別れたパティとのツーショット写真がありましたね。あれはパティがまだエリック・クラプトンと一緒のころ？

藤本　パティが2023年6月に来日して写真展をやったときに、ピーター・バラカンさんがトークのお相手だったんですが、私が質問したかったことをピーターさんが訊いてくださったんです。「ツーショットの写真、あれはどういう状況で、いつごろ撮られたのか」と。そうしたら、あれはクラプトンと1989年に別れたあと、おそらく慰謝料か何かで2人が揉めていて、パティがジョージに連絡したんですね。そうしたらジョージが、「相談に乗るから来いよ」ってことになって、パティが妹のジェニーと一緒にフライアー・パークに行って、そのときに撮った写真だったと。あの写真はジェニーが撮ったもので、ジョージとジェニーのツーショット写真もあります。ジョージもパティも笑顔で、すべてが「氷解」したように思えるいい写真でしたね。オリヴィアがどう思うかはわかりませんが。

本橋　とてもいい写真です。付き合いだしたころの熱々のツーショットから、幾星霜、別れがあって、それぞれの人生を歩みながら、また再会してカメラに写った。今もパティの公式ホームページの表紙は、ジョージとのツーショットですよね。クラプトンではなく。

藤本　ですね。写真展では、とくに2人の元夫との写真がやはり多かったです。

本橋　なんだかんだ言って、やっぱりパティはジョージが好きなんだなと思います。2008年に出た彼女の自著『パティ・ボイド自伝　ワンダフル・トゥデイ』（パティ・ボイド、ペニー・ジュホー＝著　前むつみ＝訳／シンコーミュージック・エンタテイメント）を読むと、ジョージへの未練を感じさせます。

藤本　ですよね。でもパティは2024年の春に、クラプトンからの熱烈なラブレターやデレク・アンド・ザ・ドミノスの『いとしのレイラ』のジャケットに使われた絵の原画などを売り払って、ファンに大きな失望を与えましたが。クラプトンの許可は得たそうですが、微妙だなあと。「愛はお金じゃ買えないけど、思い出の品はお金で買える」ということですかね（笑）。

パティ・ボイド、ペニー・ジュホー＝著『パティ・ボイド自伝　ワンダフル・トゥデイ』（前むつみ＝訳／シンコーミュージック・エンタテイメント／2008年）

1人おかれた人々

本橋　「一人おいて」と写真のキャプションで、1人おかれてしまった人物に、かぎりない関心があるんです。おかれてしまった彼、彼女はどんな人生を歩んだのだろうか。私の物書き人生のひとつのテーマでもあります。

勝本　本橋さんが追い続けているアンダーグラウンドな世界の原点を感じさせるテーマですね。卒業アルバムの右上に楕円形で顔写真が入れられた人も同じですね（笑）。

本橋　あれは当日欠席した生徒（笑）。ビートルズの主演映画はいくつかありますが、なかでも『ハード・デイズ・ナイト』と『ヘルプ！』はいまだに高い人気を誇り、デジタル・リマスター版が出たり、映画館で上映されたりして、抜群の集客力を誇っています。4人はスクリーンでいまだに生き生きと躍動しています。彼らとともにスクリーンに映った脇役も印象深く、記憶に刻まれています。彼ら彼女たちの多くが、クレジットなし、いわゆるノンクレジットの出演者たちであり、ビートルズの華々しい存在感に比べると、地味な扱いです。

たとえば『ハード・デイズ・ナイト』前半部分、移動する列車に乗り合わせた女子高生役の1人で、後にジョージと結婚したパティ・ボイドもノンクレジット組です。

藤本　まさに「光と影」ですね。

本橋　同映画は、ビートルズの4人が猛烈な忙しさのなか、朝から晩までスケジュールをこなしていく、というセミドキュメント・タッチです。モノクロ画面が記録映画的で巧まざる効果をあげています。

藤本　ジョージ・マーティンと同じくユーモア感覚抜群のリチャード・レスター監督の、ビートルズのとらえ方が素晴らしかったというのが、まずあります。リヴァプール出身のアラン・オーウェンが脚本を手掛けているというのも、等身大の4人を描けた理由ですね。

本橋　その通りですね。ノンクレジット組の1人、ごった返す会場でジョンにインタビューしている女性記者役の彼女も映画に花を添えています。ジョンに「あなたの趣味は?」と質問したとき、ジョンがメモ書きに何か書き、それを見た女性記者が「えー!?」といった困惑の表情になります。明らかにジョンがアドリブをかましたのがわかります。最近、旧作フィルムのデジタル・リマスター版が出て、いままで不鮮明だった映像がよりクリアになりました。そのおかげで、ジョンが女性記者に見せたメモ書きに「TITS（おっぱい）」という文字がかすかに見えます。指摘した安藤誠さんによれば、「ガール」のコーラス部分“tit, tit, tit, tit”と歌っているビートルズ・ファンならわりと知られたネタがあり、もしかしたらジョンは"TITS"が口癖だったのかも、ということです。ジョンの性格からしても当たっているのでは。

藤本　安藤さん、ナイス！

本橋　ちなみに素で驚いた女性記者役は、アンヌ・クルーンという女優で、1934年1月11日生まれ。映画出演時は30歳、イギリスのドラマに何本か出演、1994年に残念ながら亡くなっています。

ノンクレジット組で印象深い俳優でもう1人。ビートルズの4人が強行スケジュールで休む間もなくテレビ局やコンサート会場に移動して、演奏します。窮屈な日々に辟易していたと思ったら、だだっ広いグラウンドにある無骨な建物の上層階からドアを開き、叫び声を発して、非常階段を駆け下ります。アイドルが束の間の自由を取り戻した瞬間、喜びを爆発させた。ここも、4人をうまくとらえたリチャード・レスター監督の演出と、脚本家アラン・オーウェンの構成が光ります。4人が広場で飛び跳ね、踊り、寝ころがる。「キャント・バイ・ミー・

映画『ハード・デイズ・ナイト』で、女性記者に一発かましたジョン

ラヴ」が流れ、歓喜が絶頂に達します。そこに大柄の帽子をかぶった仏頂面の中年男がヌッと立ち塞がって、4人を追い出します。デビュー当時から、ビートルズは少女たちから熱狂的に迎えられましたが、その一方で大人社会から疎まれていた、過酷な現実を象徴しています。この帽子を被った仏頂面の役者は、チャーリー・バード。テレビ・ドラマの脇役が多く、いくつかの出演歴以外、把握できません。

藤本　撮影は1964年4月23日に、ロンドン空港近くのソーンベリー・プレイング・フィールズという広場で行なわれました。「キャント・バイ・ミー・ラヴ」に合わせてヘリコプターの離着陸台で撮影した場面がいまひとつ面白くないとリチャード・レスターが判断し、追加撮影したそうです。

本橋　その中年男とジョージとの会話。

"I suppose you realize this is a private property?"（ここが私有地だとわかってるのか？）

"Sorry we hurt your field, Mister."（フィールドを荒らしちゃって、すいませんでした）

今までこの男は広場の地主だとされてきましたが、どうもグラウンドの整備員のようでした。広場には白線が敷かれているので、運動場なのでしょう。ちなみにジョンはこの日、文学昼食会に呼ばれていて途中で抜け出したので、途中からいなくなり、3人がかけずり回るシーンに変わっています。

藤本　ドーチェスター・ホテルでの自著『絵本ジョン・レノンセンス（原題：In His Own Write）』（片岡義男・加藤直＝訳／晶文社／1975年）の刊行記念の昼食会ですね。ジョンは、何を話したらいいかわからず、とてつもなく緊張したそうです。

本橋　あのジョンが（笑）。同映画では、ジョージと結婚することになるパティ・ボイドが出演していたのと、後にドラマー・歌手として知られるようになるフィル・コリンズが、子役時代にコンサート会場のファンとして出演していたのが有名ですよね。ラストシーンでのコンサート会場で13歳のフィル・コリンズが確認できます。本人も、後に映画出演の回想番組でホスト役をつとめています。

藤本　フィル・コリンズと同い年で、ヒバリのような歌声と称された女性シンガー・ソングライター、リンダ・ルイスもコンサート会場にいたそうですが、いまだに探せません。監督のリチャード・レスターが最前列を一瞬横切る場面は、目を凝らすとわかりますが。

本橋　同映画で私が印象深いシーンは、リンゴが抜け出して、ひとり自由を満喫する場面です。ぬかるみに自分のコートを敷き、淑女をエスコートしようとしたところ、穴に落として

ジョン・レノン＝著『絵本ジョン・レノンセンス（片岡義男・加藤直＝訳／晶文社／1975年）

しまいます。このとき穴に落ちた女性を演じたのは、ローラ・スロウ。1937年生まれで、映画出演時は26歳。いくつかの作品に出演した記録がありますが、目立つ作品は見当たりません。穴に消えた女、という極めて印象深いシーンを世界中のビートルズ・ファンに与えて、爪痕を残したといえます。

藤本　誰もが大笑いする場面ですね。

本橋　さらにテムズ川を歩くリンゴ。「ジス・ボーイ」のメロディが流れ、孤独と自由が交錯する、印象的なシーンです。歩いているリンゴのほうに大きなタイヤが転がってきて、リンゴが蹴躓きます。少年が遊んでいたタイヤでした。リンゴが文句を言うけど、気が合って、2人はテムズ川を歩くんですよね。川沿いを2人で歩くシーンは本作の見所です。

藤本　リンゴが俳優としてもやっていけると誰もが思った名場面ですね。そこで流れる「ジス・ボーイ」はジョージ・マーティン・オーケストラによる演奏ですが、東芝音楽工業の担当ディレクターだった高嶋弘之さんは、「リンゴのテーマ（こいつ）」のタイトルで、しっかりシングルとしても出しました。ちなみにビートルズの曲のカナ表記に関して、「なんで?」と思う曲が2曲あるんですよ。ひと

ジョージ・マーティン楽団『リンゴのテーマ（こいつ）』の日本盤シングル（1964年）

つは「ジス・ボーイ」で、もうひとつは「ティル・ゼア・ウォズ・ユー」です。なぜ「ディス・ボーイ」と「ティル・ゼア・ワズ・ユー」じゃないのかと。

本橋　なるほどね。あのときリンゴは二日酔いだったといいますけど、かえってそれが良かったのかも。リンゴと一緒に歩いた少年を、私はもしかしたらフィル・コリンズかと思った時期もあったのですが、この少年は、デヴィッド・ジャンソン（1950年3月30日生まれ）。撮影時、14歳になったばかりで、彼にとってこの出演はどんな意味があったのか。

「あのとき、リンゴと一緒に歩いたのは僕だよ」

そんな言葉を何度も口にしたのか、それともあえて言わずにきたのか。以後もデヴィッド・ジャンソンは主演クラスはありませんが、役者の道を歩みます。共演者と結婚して子どももできますが、離婚してます。

勝本　「ビートルズ関係者に歴史あり」ですね。

本橋　興味深かったのは、彼がイギリスの人気劇作家レイ・クーニー監督作品『Run For Your Wife』に出演していることです。『ラバー・ソウル』でジョンが歌った「Run For Your Life」（邦題「浮気娘」）のタイトルに似ている。「ライフ」を「ワイフ」に替えた喜劇です。日本でもロンドン・コメディと銘打って2023年に上演されています。たまたま出演したのか、それともプロデューサーか監督がシャレでキャスティングしたのか。テムズ河をリンゴと歩いたあの少年が、本作でどんな役を演じたのかわかりませんが、今でも役者の道を歩んでいるようです。

『ハード・デイズ・ナイト』は、芝居経験がないビートルズに配慮したのか、存在感のある大物を配するのではなく、主役を食わない、地味だけど演技力はある役者を起用したことがうかがわれます。1人おかれた彼ら彼女たちは、今もスクリーンで永遠に息づいている。

藤本　無名の名脇役がたくさんいるということですね。でも、「1人おかれた」以上に存在を消された人もいるんですよ。『ハード・デイズ・ナイト』には、リンゴをはじめそれぞれの見せ場がありますが、ポールの単独の場面はないんです。

本橋　そう！　それぞれメンバーひとりずつのショートストーリーが用意されてるんだけど、ポールだけカットでしたね。

藤本　リチャード・レスターがポールの演技をあまり評価していなかったからだと思います。ポールは、「演技をしなきゃ！」と思って肩に力が入っちゃうんでしょうね。それでも監督は、まだソ

映画『ハード・デイズ・ナイト』より、タイヤに躓いたあとのリンゴと少年（1964年）

ロでの撮影がなかったポールのために、4月20日と21日にこんな場面の撮影をしました。行方不明のリンゴを探していたポールがリハーサル室に入ったところ、セリフの練習をしていた女優がいたので、2人でその場で長いやりとりをする、という場面です。ところが、映画では丸ごとカットされました。女優役の俳優の名はアイラ・ブレア。ポールは『ヘルプ！』のときも、同じように、撮影されたのに使われず、巻き添えを食った女優と男優（ウェンディ・リチャードとフランキー・ハワード）がいました。どちらものちに俳優として名をなしますが、ウェンディ・リチャードはデジタル・リマスター版の発売の際に、幻の場面についてコメントを寄せてました。

本橋　あー！　それはまだ観てなかった。一番人気のポールのシーンをバッサリ削ったリチャード・レスター監督というのも、アイドル人気に頼らない、作品至上主義なのか、見上げたもんです。

幻に終わった映画『ヘルプ！』でのポールの出演場面（フランキー・ハワード、ウェンディ・リチャードとともに／1965年）

顔のない男たち（ノンクレジットのミュージシャンたち）

本橋　ビートルズ・マニアほど、信じてることがあって、たいていの曲はスタジオ・ミュージシャンが演奏してるっていう。一番有名なのは「ア・ハード・デイズ・ナイト」の冒頭の印象的な〝ジャーン〟。この音はなかなか出せなくて、腕のいいスタジオ・ミュージシャンが演ってるんだと信じ込んでるマニアがかなりいます。でも昨日観た１９６４年のアメリカ公演のときに、ジョンが「ア・ハード・デイズ・ナイト」の出だしを演奏してるんだけど、けっこうレコードを再現してるんですよ。

藤本　そうですね。レコードではジョージ・マーティンもピアノを重ねています。この10年ほどは技術の進歩が目覚ましく、楽器も声もそれぞれすべて、プロじゃなくてもトラックごとに分離できるようになった。それでビートルズの楽曲を分析してる人がたくさん出てきて、いろんなことがわかってきた。ほかにも「アイ・フィール・ファイン」のドラムはリンゴじゃないっていう説があったんですよ。バーナード・パーディというアメリカのジャズ・ドラマーが、自分が叩いたと言っていたんですが、これ、記憶がごっちゃになってましたね。

本橋　というと？

藤本　ビートルズが正式にデビューする前に、トニー・シェリダンのバックで演奏した「マイ・ボニー」などのポリドール音源がありますが、１９６４年にビートルズ旋風がアメリカで も吹き荒れたので、それに乗じて配給権を得たアメリカのアトコが、だったら再発して、一儲けしようと。でも、ここでもまた、と言ってしまいますが、ピート・ベストのドラムがしょぼかったので、より売れるようにとセッション・ドラマーを呼んで、よりラウドでシャープなドラムを被せたんです。バーナード・パーディが叩いたのは、そのセッションだったんですね。コーネル・デュプリーというアメリカの名うてのセッション・ギタリストも音を被せてます。シングル２枚計４曲――「スウィート・ジョージア・ブラウン／イフ・ユー・ラヴ・ミ

トニー・シェリダンと彼のビート・ブラザース名義で日本で発売されたシングル「マイ・ボニー・ツイスト」（1962年）

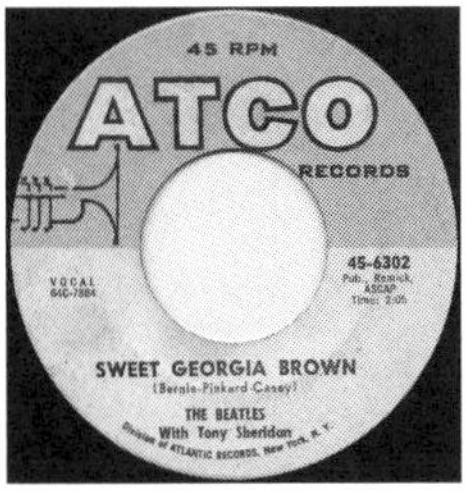

ザ・ビートルズ・ウィズ・トニー・シェリダン名義でアメリカで発売されたシングル「スウィート・ジョージア・ブラウン」（1964年）

同じくザ・ビートルズ名義でアメリカで発売された「エイント・シー・スウィート」（1964年）

ー・ベイビー」と「エイント・シー・スウィート／ノーバディーズ・チャイルド」です。

本橋　昔はスタジオ・ミュージシャンのクレジットをレコード・ジャケットに入れる慣習がほとんどなかったから。エリック・クラプトンですら、『ホワイト・アルバム』にクレジット入ってないですからね。

藤本　あれはレコード会社の問題もあるんですよね。契約上、ジョージも、他人の曲を演奏するときはハリー・ジョージスン（Harry Georgeson）とかサン・オブ・ハリー（Son Of Harry）とかのクレジットになっていることがあったし、クラプトンもエディ・クレイトン（Eddie Clayton）という名前で入ってたりするし。

本橋　歴史的名曲「イエスタデイ」でも、弦楽四重奏者の名前は入ってないですもんね。

藤本　入ってないですね。ビートルズ研究の大家マーク・ルイソンの本で、やっと全員の名前がわかるようになりましたけど。マーク・ルイソンのその『ビートルズ／レコーディング・セッション』（シンコーミュージック・エンタテイメント／1990年）では、「キャント・バイ・ミー・ラヴ」のレコーディングで、

マーク・ルウィソーン＝著『ビートルズ／レコーディング・セッション』（内田久美子＝訳／シンコーミュージック・エンタテイメント／1990年）

1人だけクレジットがわからないドラマーが参加しているのではないかと書いてありました。リンゴ以外にもう1人入ってるんですが、ノンクレジットで誰かわからないと。

本橋 ビートルズのデビュー曲「ラヴ・ミー・ドゥ」のレコーディングのとき、リンゴのドラミングがいまひとつなので、ジョージ・マーティンがセッション・ミュージシャンのアンディ・ホワイトを呼びましたけど、そのアンディが亡くなったときも、〝5人目のビートルズ亡くなる〟なんて報道されたりして……。

藤本 ドラムからタンバリンとマラカスに降格させられたリンゴは、その判断を下したジョージ・マーティンを長い間恨んでましたね(笑)。

本橋 そうそう(笑)。そうとう恨んでましたね。

藤本 『ヘルプ!』収録の「悲しみはぶっとばせ」は、フルート奏者のジョン・スコットのクレジットはないですね。でも、『ラバー・ソウル』では、「ユー・ウォント・シー・ミー」にオルガンでマル(・エヴァンス)、「愛のことば」のハーモニウムと「イン・マイ・ライフ」のピアノでジョージ・マーティンがクレジットされてますし、『リボルバー』の「ラヴ・ユー・トゥ」のタブラ奏者、アニル・バグワットもクレジットされてます。「レボリューション」のニッキー・ホプキンス(ピアノ)や「ホワイル・マイ・ギター・ジェントリー・ウィープス」のエリック・クラプトン(ギター)はクレジットなしでしたが、1969年1月の

「ゲット・バック・セッション」に呼ばれたビリー・プレストンはシングル「ゲット・バック／ドント・レット・ミー・ダウン」に“with Billy Preston”としてクレジットされました。

本橋　「イエスタデイ」、名曲中の名曲だから、あの弦楽四重奏プレーヤーにけっこう見返りはなかったんですか。

藤本　セッションで呼ばれただけですし、もともとクラシック畑の演奏家なので、特にこれといった話も聞かないですね。

本橋　歴史的名演なのに。クレジットもなしかあ。

藤本　ビートルズとのセッションを振り返っているクラシックの演奏家は、「フォー・ノー・ワン」でフレンチ・ホルンのソロを見事に吹いたアラン・シヴィルぐらいですね。アラン・シヴィルは『サージェント・ペパー』の「ア・デイ・イン・ザ・ライフ」のオーケストラ・セッションにも参加していますし、1984年のポールの大コケした映画『ヤァ！　ブロード・ストリート』では「フォー・ノー・ワン」の再演でも見事な演奏を聴かせてました。まあ、なんと言っても『アンソロジー1』にピート・ベストの演奏が入り、ビートルズの公的な歴史の中にようやくその名が刻まれたのが、やっぱり何よりうれしい出来事でした。

映画『ヤァ！ブロード・ストリート』の日本版パンフレット

クレジットは厄介①

藤本　ビートルズの奇跡というのは、リヴァプールで同時代にビートルズのメンバーがみんなリヴァプールで暮らしていたということですね。

本橋　そうですね。ほんと奇跡ですよ。1957年6月に、教会で演奏しているジョンたちのところにポールがやってきて、バンドに入るっていうことがあったわけだけど、ジョンもポールもあくが強い。俺が俺がで、出たがり目立ちたがり、お山の大将。ビートルズ来日時にホテルで一緒にスキヤキを食べた加山雄三が4人の印象として、〝個性的なメンバーがよく仲良く同じバンドでやってるな〟と感心してましたね。またリーダーのジョンが懐深くて、よくポールをメンバーに迎え入れましたよね。

藤本　そうですね。ビートルズの成功の第一歩はジョンがポールを引き入れたことから始まりましたし。ポールの才能を最初から認め、もしかしたらリーダーの座を奪われるかと思ってたわけですから。

本橋　あのころはリーダーの名前を前にもってくるグループがイギリスでは主流でしたよね。

ビートルズの幻のデビュー曲「ハウ・ドゥ・ユー・ドゥ・イット」を歌って1位をとったジェリー&ザ・ペースメイカーズ。ビートルズのライバルといわれたデイヴ・クラーク・ファイヴ。フレディ&ザ・ドリーマーズ。リンゴがビートルズに加入する前にいたのがロリー・ストーム&ザ・ハリケーンズ。世界的にもそういう潮流があったんでしょうね。日本でもジャッキー吉川とブルー・コメッツ、寺内タケシとブルージーンズ、敏いとうとハッピー&ブルーもあった（笑）。

藤本　内山田洋とクール・ファイブも重要ですね（笑）。

本橋　だからリーダーを立てて、ビートルズも、ジョン・レノン&ザ・ビート・ボーイズでもよかったわけですよ。プロデューサーのジョージ・マーティンがお気に入りのポールを立てて、ポール・マッカートニー&ザ・ビート・ブラザーズもあったわけで。それをしなかったのはえらいですよね。

藤本　1962年1月1日のデッカ・オーディションが不合格となった後、オーディション時の音質の良いオープン・リールのテープを受け取ることができたブライアン・エプスタインは、ロンドンのオックスフォード通りにあるHMVに向かい、店長のボブ・ボーストの勧めでアセテート盤を制作してます。2017年10月にリヴァプールの「ビートルズ・ストーリー」という博物館に入ったら、そのアセテート盤が展示されていたんですよ。収録曲はデッカ・オーディションからの2曲――「ハロー・リトル・ガール」と「ティル・ゼア・ウォズ・ユー」で、前者が“John Lennon & The Beatles”、後者は、展示では裏面は見られませんでしたが“Paul McCartney & The Beatles”とレーベルに記載されているんですよね。ジョンとポールのどちらをメインにするか、エプスタインも悩んでいたのかもしれません。あるいは、2人もリード・ヴォーカリストがいるとアピールしたかった可能性もあります。

本橋　それはすごい発見ですね。当時、イギリスで人気のあったクリフ・リチャード&ザ・シャドウズを意識したバンド名でレコード会社に売り込もうとしていたんでしょうね。

藤本　そのアセテート盤が巡り巡ってEMI傘下のパーロフォン・レーベルのジョージ・マーティンの耳に入ることになるのだから、いま思うと、デッカのオーディションに落ちて良かったなあと。ジョージ・マーティンも、ジョンとポールのどちらをメインにするか、悩んだみたいですね。デビュー曲の「ラヴ・ミー・ド

「ハロー・リトル・ガール」と「ティル・ゼア・ウォズ・ユー」のアセテート盤（1962年）

ゥ」はポールがメイン・ヴォーカルですが、最初タイトル・フレーズはジョンが歌うはずだった。ブルージーな曲なので、ジョンが歌ったら、それはそれで様になったでしょうけど。でも、当時は一発録りだったので、間奏でハーモニカを吹きながら歌えない。そこでジョージ・マーティンの要請で、急遽ポールがソロを取ることになった。1962年6月6日、ビートルズがジョージ・マーティンと初めて会ったときのEMIでの最初のレコーディングでの「ラヴ・ミー・ドゥ」を聴くと（『アンソロジー1』に収録）、ポールの声が緊張で震えているのがわかります。

本橋　そうでしたね。そしてジョージ・マーティンはピート・ベストにダメ出しをしたと。

藤本　ジョージ・マーティンは、最初からその場にいたわけではなくて、レコーディングはプロデューサーのロン・リチャーズとエンジニアのノーマン・スミスの立ち会いで始まり、ロン・リチャーズが、まずピートの腕前を認めなかったようです。途中で顔を見せたジョージ・マーティンは、オリジナル曲には魅力を感じなかったそうです。それがデビュー・シングルにプロの作曲家が書いた「ハウ・ドゥ・ユー・ドゥ・イット」を推薦する動機にもなったんでしょうね。

本橋　ジョンとポール、その曲を蹴ってしまった覚悟がすごいし、並大抵のミュージシャンではなかった。天才的な作曲能力と歌唱力で強力なライバルなんだけど、これから俺たちが作る曲はどちらが作っても「レノン＝マッカートニー」でいこうって、いいですよね。
藤本　デビュー・アルバムは順番が違って、「マッカートニー＝レノン」ですけどね。
本橋　そうですね。ローリング・ストーンズのミック・ジャガーとキース・リチャーズ（60年代はキース・リチャード）も2人の共作ですね。
藤本　あれはジョンとポールの影響ですからね。
本橋　どっちが作詞どっちが作曲じゃなくて、お互いに？
藤本　キースの作曲が多くて、ミックは少ないと思います。ミックはむしろ詞のほう。
本橋　「タイム・ウェイツ・フォー・ノー・ワン」って名曲あるじゃないですか、『イッツ・オンリー・ロックン・ロール』（1974年）に入ってる。あれ、途中でやめちゃったミック・テイラーが実は半分以上曲を書いたっていいますよね。だからあの曲だけ、ストーンズにしては異色というかすごく綺麗なメロディですよ。
藤本　ミック・テイラーの名前はクレジットされてないですが、ミック・テイラーが書いた曲はほかにもたくさんあるでしょうね。
本橋　気づいたら自分の名前がクレジットになかったのが、脱退の理由じゃないかっていいますよね。もしくはクビになったのか。
藤本　そうかもしれません。ビル・ワイマンも、「〈ジャンピン・ジャック・フラッシュ〉のイントロのギター・フレーズは俺が考えた」とインタビューで言ってました。マル・エヴァンスの「フィクシング・ア・ホール」じゃないですけど、やっぱり周りにいる人も含めて、作曲に加わったケースはたくさんあります。お金の絡む話は、いろいろと面倒ですね。曲作りに限らずですが。ビートルズ関連だと、ラトルズっていう、世界最高峰のパロディ・バンドがいますよね。テレビ映画『マジカル・ミステリー・ツアー』（1967年）のストリップの場面に出てくるボンゾ・ドッグ・ドゥー・ダー・バンドのメンバーで、モンティ・パイソンとも交流の深いニール・イネスと、モンティ・パイソンのエリック・アイドルが作ったパロディ・バンド。曲は、ジョン役のニール・イネスが一人ですべて書いていますが、これがビートルズそっくり。「恋におちたら」風の「恋にあきたら」とか、「愛こそはすべて」風の「ラヴ・ライフ」とか、もう傑作ぞろいで。ラトルズの歴史を振り返ったドキュメンタリー映画『オール・ユー・ニード・イズ・キャッシュ』（1978年）がまた秀逸なんです。

本橋　「ヘルプ！」じゃなくて「アウチ！」ってのもありました。ビートルズ・ファンも必見・必聴ですね。

ラトルズ「恋の乗車券」の日本盤シングル（1978年）

藤本　その映像にはジョージもリポーター役で出演しているし、ミック・ジャガーとポール・サイモンがラトルズのすごさを語るインタビューもあります。ところが、80年代以降になってからだと思いますが、ビートルズの曲に似すぎているからと訴えられたんですよ。

本橋　誰に？

藤本　アップルだと思いますが、ポールにという説もあります。だからＪＡＳＲＡＣのホームページでラトルズの曲を検索すると、著作者の名前は"INNES NEIL JAMES""LENNON JOHN WINSTON""MCCARTNEY PAUL JAMES"と、３人の連名になっています。

本橋　発売当初はクレジットになかったけど。ラトルズっていうのはあれは確信犯ですからね。パロディでもいい曲ばかりですよ。

藤本　ジョージの没後1周年を記念してロンドンのロイヤル・アルバート・ホールで開催されたトリビュート・コンサート『コンサート・フォー・ジョージ』をまとめた映画が２０２３年に日本でも初めて劇場で公開されましたが、ニール・イネスとエリック・アイドルも、モンティ・パイソンのメンバーとして出演しています。ジョージと仲が良かったですからね。ニール・イネスは東京公演を2回観に行きましたが、２０１４年に下北沢で観たコンサートは、ポールも含めて十指に入るぐらいの素晴らしさでした。

クレジットは厄介②

藤本　1969年、アラン・クラインがジョンの懐に入り込み、ジョージとリンゴを味方につけたことが引き金となり、ビートルズの解散に繋がっていきましたよね。アラン・クラインをまったく信用していなかったポールは、夫人のリンダのお父さんとお兄さんを推薦し、それで他の3人が猛反発した。

本橋　あのころは、ポールがグループのリーダーとして他の3人を率いている状態だったから、音楽面以外で経営面も牛耳られるとたまったもんじゃないと。

藤本　まあ、あくまで外野から見ればですが、どっちも甘いとは思うんですけどね。ジョンはジョンでマネージメントをアラン・クラインに依頼しましたが、映画『ザ・ビートルズ：Get Back』でも観られるように、アラン・クラインがいかにすごいやつかを、ジョージにとうとうと喋ってます。ポールのいないところで（笑）。ほとんど洗脳されてるように見えます。マジック・アレックスとかアラン・クラインとか、ビートルズという「金の生る木」に群がる怪しい人物を引き寄せる才能がジョンにはある。アップル・ブティックの失敗もそうでしたが、お金関係はやっぱり駄目。ポールはポールで、これは解散後の話ではありましたが、自分の利益だけを最優先させようとして他の3人から反感を買ったこともありました。

本橋　ジョンが信頼していたアラン・クラインはもっとあくどいですよね。不正経理の問題をはじめとして。

藤本　そうですね、でもアラン・クラインはブライアン・エプスタインが結んだ不利な契約を破棄して、まっとうな契約にして、ビートルズのお金を増やしたのは確かなんですよ。でも、ビートルズのお金を増やすということは、自分の取り分も増えるということだから。

本橋　著作権関係なんだけど、ビートルズの楽曲の著作兼管理会社はノーザン・ソングス。でも初期の楽曲、「ラヴ・ミー・ドゥ」と「P.S.アイ・ラヴ・ユー」は違いますよね。

藤本　あれはノーザン・ソングスができる前だったんですよね。「ラヴ・ミー・ドゥ」と「P.S.アイ・ラヴ・ユー」は、今はポールの会社のMPL（マッカートニー・プロダクション・リミテッド）が著作権を持ってます。ノーザン・ソングスは、1969年3月にATVがディック・ジェームズから買い取り、今はソニー／ATVが権利を持ってます。マイケル・ジャクソンが持っていた著作権をソニーが買い取った。ジョージは別ですよ。ポールはなんとかして自分の手に戻したいと、いまだに動いていますけどね。

本橋　ポールが作った曲でも著作権を持ってないと、自分の曲なのに他人に使用料を払わなければならない。

藤本　そうですね。だから何とかしたいってずっとやってますよね。ただ、ポールは「レノン＝マッカートニー」のクレジットを、解散後に勝手に「マッカートニー＝レノン」にしちゃったりするし、その後、「平和を我等に」が、知らぬ間に「レノン」だけになったりしてます。

本橋　なになに？

藤本　ポールがメリー・ホプキンのために書いた「グッドバイ」やジョンとヨーコのプラスティック・オノ・バンドのデビュー・シングル「平和を我等に」は、ともにクレジットは「レノン＝マッカートニー」になっているんですよね。解散間際でぎりぎりの状況でしたが。だから「平和を我等に」のクレジットは、契約上は「レノン＝マッカートニー」にしなきゃいけない。でもそれが、いっとき「レノン」だけになったんです。

本橋　あとでジョンが言ってましたね。「平和を我等に」は、ポールのクレジットではなく、ヨーコでいくべきだったって。

藤本　2人の取り決めが解消されたのは、『アビイ・ロード』が発売された1969年9月ごろだったんでしょうね。ポールがアイヴィーズのために書いた「カム・アンド・ゲット・イット」は、「マッカートニー」単独扱いとなってます。『アビイ・ロード』のセッションの合間にポールがデモ・テイクを1人で録音し、リンゴが出演した映画『マジック・クリスチャン』（1969年）の主題歌として、アイヴィーズ改めバッドフィンガー名義で1969年12月に発売されました。もちろん例外もあって、『アンソロジー 1』に収録された、デビュー前の1960年4月のクォリーメン（メンバーはジョン、ポール、スチュアート・サトクリフ）時代のセッション曲「カイエンヌ」や、ジョンとの取り決め以前の16歳のときにポールが書いて、67年10月にクリス・バーバー・バンドが発表した「キャット・コール」、68年12月にポールがポルトガルで作曲し、69年7月にカルロス・メンデスがシングルとして発表した「ペニーナ」は、いずれも「マッカートニー」だけになってます。

本橋　例外が、どうして生まれたのかも気になりますね。

藤本　「ペニーナ」は、ジョンが『ロックンロール・サーカス』にヨーコと出ていたときに書いた曲だから、単独にしちゃえと思ったのかもしれませんね。2人の「クレジット問題」は、こうしてほじくると面白いです。デビュー・シングルこそ「レノン＝マッカートニー」のクレジットでしたが、そのあとのシングル「プリーズ・プリーズ・ミー」と「フロム・ミー・トゥ・ユー」や、デビュー・アルバム『プリーズ・プリーズ・ミー』は「マッカートニー＝レノン」と、ポールが先になりました。でもポールに言わせると、ジョンのほうが声が大きかったので、「シー・ラヴズ・ユー」以降は「レノン＝マッカートニー」になったと。

本橋　今ではそのほうが馴染みがありますよ。

藤本　デビュー時にはアルファベット順にすることが決まっていたものの、「ラヴ・ミー・ドゥ」は自分が主に書いたから先にしてほしいとポールは主張したそうですね。どっちが先か？に関しては、いまだに両者の「つばぜり合い」があります。解散後にもまだこだわっていたのはポールでしたね。1976年に発売されたライヴ・アルバム『ウイングス・オーヴァー・アメリカ』に収録された「ザ・ロング・アンド・ワインディング・ロード」ほか、ビートルズ・ナンバー5曲はすべて「マッカートニー＝レノン」になってるんですよ。

本橋　へえ。

『レノン・レジェンド』（1997年）収録の「平和を我等に」のジョン・レノン単独クレジット

『ウイングス・オーヴァー・アメリカ』（1976年）の“P.McCartney-J. Lennon”のレーベル・クレジット

藤本　さっき「平和を我等に」が知らぬ間に「レノン」だけになったと言ったのは、1997年に発売されたジョンのベスト盤『レノン・レジェンド』のときのことです。ポールはポールで、2002年発売のライヴ・アルバム『バック・イン・ザ・U.S.ライヴ2002』と、その翌年発売の『バック・イン・ザ・ワールド〜ライヴ』に収録されたビートルズ・ナンバー計22曲を、またもや「マッカートニー＝レノン」名義にしました。

本橋　作詞作曲を自分がほとんどやってると、やっぱり名前が先にきたほうが満足するんでしょうね。

藤本　最近だと、海外で2021年に出たポールの自著『THE LYRICS』（ザ・ビートルズ・クラブ＝訳／リットーミュージック／2022年）では、ビートルズ時代のほとんどすべての曲のクレジットを「マッカートニー＝レノン」に変更しています。そうした中で「レノン＝マッカートニー」のままにしているのは「プリーズ・プリーズ・ミー」「フロム・ミー・トゥ・ユー」「抱きしめたい」「ア・ハード・デイズ・ナイト」「ア・デイ・イン・ザ・ライフ」の5曲。「フロム・ミー・ト

ポール・マッカートニー＝著『THE LYRICS: 1956 to the Present』のペイパーバック拡大版（2023年）

ゥ・ユー」と「抱きしめたい」は純然たる共作曲としてジョンの名前を先にしているのかもしれませんが、「シー・ラヴズ・ユー」「アイル・ゲット・ユー」「アイ・ウォナ・ビー・ユア・マン」「エイト・デイズ・ア・ウィーク」「ティケット・トゥ・ライド」「イエロー・サブマリン」「ウィズ・ア・リトル・ヘルプ・フロム・マイ・フレンズ」を「マッカートニー＝レノン」に変更しているのが興味深いです。特に「ティケット・トゥ・ライド」はジョン主体の曲と思っていましたので。

本橋　曲作りにおける2人の力関係をポールがどう見ているかがわかりますね。

藤本　「ティケット・トゥ・ライド」は、もしかしたら「乗車券」という意味合いと、ワイト島の北東海岸にある「ライド」という地名のダブル・ミーニングのアイディアをポールが出し、それを元にジョンが書いたということで、ポールは自分の名前を先に持ってきたのかもしれませんね。「シー・ラヴズ・ユー」はポール主体で、「抱きしめたい」はジョン主体だとポールが判断しているという風に読み取れるのも面白いです。

本橋　どっちか1人で書いても、どっちの名前が先にきても、ジョンとポールの曲であることに変わりはないけどね。

藤本　ブライアン・エプスタインのマネージメント会社NEMS傘下のビリー・J・クレイマー・アンド・ザ・ダコタス、フォーモスト、シラ・ブラック、トミー・クイックリーや、ピーター&ゴードン、アップルジャックスなどに曲を提供する際にも、片方だけが書いても2人の共作クレジットになっていました。ただしピーター&ゴードンに「ウーマン」を提供したときだけポールは、バーナード・ウェッブという偽名を使いましたね。「自分の名前を出さなくてもヒットするかどうか、ちょっと試してみた」とポールは語ってました。サージェント・ペパーズ・ロンリー・ハーツ・クラブ・バンドというバンド名にしろ、解散後のパーシー・〝スリルズ〟・スリリントン(『ラム』のインスト・アルバムの名義)にしろ、ポールは〝別人〟になるのが好きですね。

本橋 それにしてもアイドル全盛期の彼らが、作曲家として他のミュージシャンにかなりの楽曲を提供しているのがすごい。汲めども尽きぬ才能ですね。

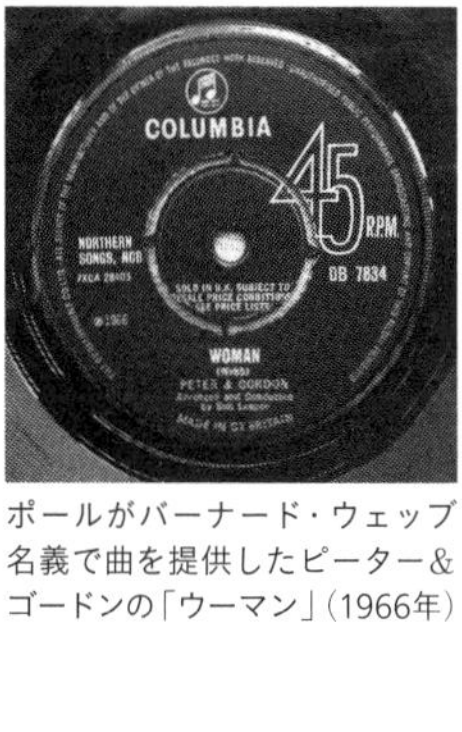

ポールがバーナード・ウェッブ名義で曲を提供したピーター&ゴードンの「ウーマン」(1966年)

UNDERGROUND BEATLES 3

黒と白のビートルズ

ビートルズ・チルドレン

藤本　都市伝説のように、ビートルズの隠し子と称する人物がときどき出てきますよね。ビートルズも、リヴァプールやハンブルク時代から遊んできたでしょうし。

本橋　彼ら自身も、当時はピルがあったからと回想してますね。それでも隠し子の可能性はあったと。

藤本　エリカ・ヴォーラーズという、ポールと同い年のドイツの女性が、ポールとの間にベッティーナ・クリシュビンという娘を1962年12月19日にハンブルクで生んだという話がありました。80年代に写真週刊誌――本橋さんが編集長だった「スクランブル」ではありませんでしたが――にもその記事が出ました。眉毛が片方だけ上がってるところなんかポールにそっくりでしたけどね。

本橋　ポールの眉毛は特徴的ですよね。

藤本　2007年5月にも、イギリスの「テレグラフ」紙が同様の報道をしてますね。そのときは娘のベッティーナが「ポールが、血液鑑定は右利きのニセの人物にやらせた」と主張し、母エリカも同調していると。しかもエリカは、口止め料としてポール側から1万6000マルクと、さらにシングルマザーを支援するドイツのソーシャル・サービスに3万マルクが支払われたものの、娘が12歳になるまで公にできなかったと。「有名人あるある」と言ったら、その通りかもしれませんが、ポールにとってはいい迷惑ですよね。

本橋　実際はどうだったんですか。

藤本　ビートルズが1964年に「キャント・バイ・ミー・ラヴ」のレコーディングをパリでやったときに、「シー・ラヴズ・ユー」と「抱きしめたい」のドイツ語版もいっしょに録音していますが、ドイツ語版をやったのは、ポールの親権問題が絡んでいるという話もあったようです。でも、2012年にDNA鑑定をしてポールはシロだったと『ビートルズ'66』に出ていたので、「ああ、良かった」と思いました。ちょっと疑っていたので（笑）。

本橋　眉毛と言えば、ポールの2番目の奥さんで離婚してしまったけど、ヘザーとの間にできた娘のベアトリス（2003年生まれ）がポールそっくりで、やっぱり片方の眉毛が上がってますよ。最初の奥さんリンダが産んだ子どもたちよりポールに似てる。皮肉なもので、破綻した両親の娘が親に一番似ているという。

ドイツで発売されたビートルズの「抱きしめたい」のドイツ語版シングル（1964年）

藤本　ポールには、リンダの連れ子のヘザー（1962年生まれ）もいますよね。ポールの再婚相手の名前と一緒なので混乱するけど。

本橋　映画『レット・イット・ビー』で、ビートルズが演奏してるアップル・スタジオに遊びに来る無邪気な少女ですね。陶芸家になるんだと、一時日本で修行していたんですよね。

藤本　その前はパンク・ファッションだったりしましたよね。映画『レット・イット・ビー』のときは、ヨーコの真似をしたりして、いい味を出してましたが、今は消息不明です。

本橋　消息不明か。ヨーコが2度目に結婚した夫、米国の映像作家アンソニー・コックスとの間に生まれた女の子、1963年8月8生まれのキョーコ。ヨーコが彼女を歌った「京子ちゃん、心配しないで」という曲がありますね。離婚して夫のもとで養われることになった京子ちゃんを思う母の歌なんだけど、我が子を想う切々とした歌かと思いきや、そこはヨーコだから「Don't worry」「ドンウォリ」を呪術のように繰り返す、恐山のイタコ状態。この曲で有名なのは、1969年9月13日にカナダ・トロントのヴァーシティ・スタジアムで行なわれた音楽フェスティバル「トロント・ロックンロール・リバイバル1969」ですね。プラスティック・オノ・バンドのメンバーとしてステージに立ち、ジョン・レノンとエリック・クラプトンを従えて、〝ドンウォリ、ドンウォリ、ドンウォリ、ドンウォリ、ドンウォリ、ドンウォリ、ドンウォリ〟と憑依したかのように歌う鬼気迫る映像が『スウィート・トロント』（1971年）で観られます。

藤本　2023年10月に映画『リバイバル69～伝説のロックフェス～』として、他の出演者も含めて上映されましたね。

本橋　ヨーコは60年代に渡米したころの前衛芸術家のままだなと思いましたよ。ある意味すごい。ジョンとクラプトンと同じステージに立って、「ドンウォリ」をやってしまう精神力。リンダもミュージシャン経験ゼロなのにポールと同じステージに立ってワールド・ツアーをやってしまう精神力。どちらもすごいです。昔はオノ・ヨーコ・ファンのうちの妹と「ドンウォリ」を真似たりして、互いにウケてましたけど（笑）。

藤本　それは妹さん、心配ですね（笑）。

本橋　美術系の学生だったんだけど、資生堂の「花椿」の表紙になったりして、ある種、健康的なミーハーでした。

藤本　それなら心配ないですね（笑）。キョーコはジョンの最初の息子のジュリアン（1963年生まれ）と同い歳で、幼いころにジョンとヨーコと一緒に写った写真もありました。

映画『リバイバル69～伝説のロックフェス～』（2023年）

本橋　ああ。キョーコちゃんとジュリアンがお揃いのチェックの帽子とベストに半ズボンなんか着て、ジョンとヨーコと写っている。可愛い。あの写真はすごく良かったです。でも、もうあの可愛かったキョーコちゃんが還暦か。

藤本　ジュリアンも、ですね。キョーコがヨーコとショーン（1975年生まれ）と3人で写ってる写真もありますね。キョーコも一時は消息不明だったので、元気に母と弟との対面ができて良かったです。

本橋　ポールの2人の娘は？

藤本　ステラ（1971年生まれ）は、今では世界的に有名なファッション・デザイナーで、ビートルズ・ファンじゃなくても、有名なブランド「ステラ・マッカートニー」を知らない人はいないんじゃないでしょうか。姉のメアリーは、最初のソロ・アルバム『マッカートニー』のジャケに写ってますよね。今は映像作家になってます。長男ジェイムズ（1977年生まれ）は、配信のみですが久しぶりの新曲「ビューティフル」を2024年2月に発表しました。しかもプロデュースはお父さんで、『プレス・トゥ・プレイ』とか『ドライヴィング・レイン』に入っていてもおかしくない曲なんですよ。これ、もちろん褒めてま

『マッカートニー』（1970年）の裏ジャケットに写るポールとメアリー

すから（笑）。さらに続けて4月には、なんとショーンとの共作曲「プリムローズ・ヒル」も発表しました。思ったほどは話題になっていないけど、ジョンとポールの息子同士の共作ですから、びっくりしました。ミュージック・ビデオは姉のメアリーが手掛けていますし。プリムローズ・ヒルは、ロンドンの市街地を一望できる丘として知られていて、1969年1月の「ゲット・バック・セッション」の時の公の演奏場所として、一時、候補に挙がっていたんですよね。

本橋　そんなゆかりのある場所を曲名にして、ジョンとポールの息子同士が共作したと。

藤本　ジェイムズ、これまではメロディが凡庸だったんですが、先々の活躍が楽しみです。とはいえ、お父さんがすごすぎるから、いくら本人に力があっても、なかなか認められないんですよ。ポールは長嶋茂雄っぽいというのも含めて言えば、ジェイムズは長嶋一茂っぽい。ポールの息子＝長嶋一茂説。

本橋　リンゴとモーリンの間に生まれた兄弟はどうですか？

ジェイムズ・マッカートニーのシングル「ビューティフル」（2024年）

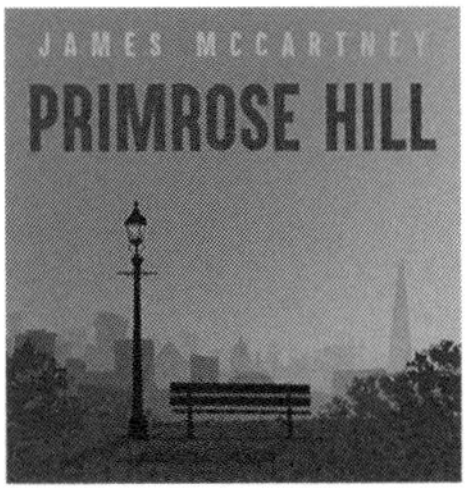

ジェイムズ・マッカートニーとショーン・レノンが共作したシングル「プリムローズ・ヒル」（2024年）

藤本　ザック（1965年生まれ）は一番優秀なドラマーですよね。
本橋　1992年、矢沢永吉の『Anytime Woman』収録の「Anytime Woman」と「銀のネックレス」にドラマーとして参加してアビイ・ロード・スタジオでレコーディングしてますね。
藤本　そうでしたか。ザ・フーにドラマーとして参加したり、オアシスともやってる。リンゴのオール・スター・バンドにも一時参加して、日本にも来ました。ザックの娘ターシャは、シャドウズの元ドラマー、トニー・ミーハンの息子などとベラキスというバンドを組み、ヴォーカルとベースを担当してました。2011年にCD『ベラキス』でデビューしましたが、2016年に男児が生まれ、リンゴは「ひいおじいさん」になりましたね。
本橋　リンゴの次男は？
藤本　ジェイソン（1967年生まれ）は、兄のザックと1980年代半ばにいくつかのバンドを組んで一緒にドラムを叩いていたようですが、その後、写真家になったようです。映画『ザ・ビートルズ：Let It Be』に、ヨーコ、オリヴィア、ショーン、ダニーのあとに“JAY STARKEY”の名前がありますが、たぶんジェイソンのことでしょうね。ということは、ザックじゃなくてジェイソンが今後は「表舞台」に出てくるかもしれません。
本橋　1970年生まれの妹のリーは？
藤本　ブティックやメイクの仕事をしているようですね。

本橋　その後、癌になって治りかけたけど、再発したんですね。ジョージの一生を追った映画『リヴィング・イン・ザ・マテリアル・ワールド』で、末期の癌だったジョージのもとにリンゴが見舞いに行って、「この後、娘のお見舞いでボストンにもう行かなくちゃいけないんだ」とジョージに言ったら、「一人で大丈夫かい？　一緒に行こうか？」と言われて、リンゴが感極まって涙を浮かべる回想シーンがありました。

藤本　慈愛に満ちたジョージの優しさが伝わる、こちらも涙なしには観られない場面ですね。ジョージの息子ダニー（1978年生まれ）も、2023年秋に新作『インナースタンディング』を出したし、子どもたちの活動が活発化してます。ビートルズの息子たちは、みんな父親に似てますね。ジュリアンが1984年に「ヴァロッテ」でデビューしたときは、「まるでジョン！」と驚いた人がたくさんいましたよね。

本橋　ホンダのCMにも出てましたね。

藤本　その後ショーンも、同じくホンダのCMに出ました。CMといえば、宝酒造の飲料水「すりおろしりんご」にリンゴが起用され、「りんごすったー」と陽気に無邪気に言うのを観たときは、なにやってんだーと思いましたけどね（笑）。

ジュリアン・レノン『ヴァロッテ』（1984年）

ビートルズと女たち

本橋　藤本さんが字幕監修をやられた映画『ミーティング・ザ・ビートルズ・イン・インド』、すごく良かったですよ。
藤本　ありがとうございます。ビートルズが主人公というよりも、ビートルズと知り合ったポール・サルツマンというカナダの青年の回想録と言ったほうがいい内容です。２０２０年に公開され、日本でも２０２２年に上映されました。ビートルズがインドのリシケシュで何をやっていたのか、具体的にはほとんど知られていなかったし、現在のリシケシュが観られるのも良かったです。
本橋　ジョージの提案で１９６８年2月にビートルズがインドに瞑想しに行ったことは有名ですが、このときの写真は誰が撮ったのか、よくわからなかった。ジョンとポールが白い作務衣みたいなインドの

映画『ミーティング・ザ・ビートルズ・イン・インド』（2022年）

服を着て、リラックスしながらギターを弾いている、透明感のある写真です。撮られていることに気づかないのか。やっと謎が解けました。

藤本　4人とも解放感に満ちあふれた表情をしているし、とくにジョンの目が澄んでいるのがいいなと。

本橋　そうですね。いい表情でした。カナダの23歳の若者が失恋の痛手を癒やすためにインドへ渡り、ガンジス川の畔にあるマハリシのアシュラム（僧院）を訪れる。そこで偶然、インド滞在中のビートルズに遭遇したんですね。彼らとごく自然に親しくなり、控え目にシャッターを押したりした。そのときの写真が後にインド滞在中のビートルズを記録した貴重な写真になった。写真に淡い霞のようなものがあったのは、ジョンがギターを弾いているところを金網越しに撮ったときの金網が映り込んだものだったんですね。このときの青年がこの映画の監督だったという。

藤本　ビートルズに会いたくても会えない人は世界中にたくさんいますが、ポール・サルツマンは強運の持ち主ですね。ポールが1980年に日本で大麻不法所持で捕まったときに、獄中で会えた人たちと同じぐらい。いや、違うか（笑）。

本橋　それほど違ってない（笑）。マハリシを真ん中にして大人数の全員で写真に収まっているんですが、ビートルズが恋人や夫人を同伴してきたので、隣同士に仲良く並んでいます。

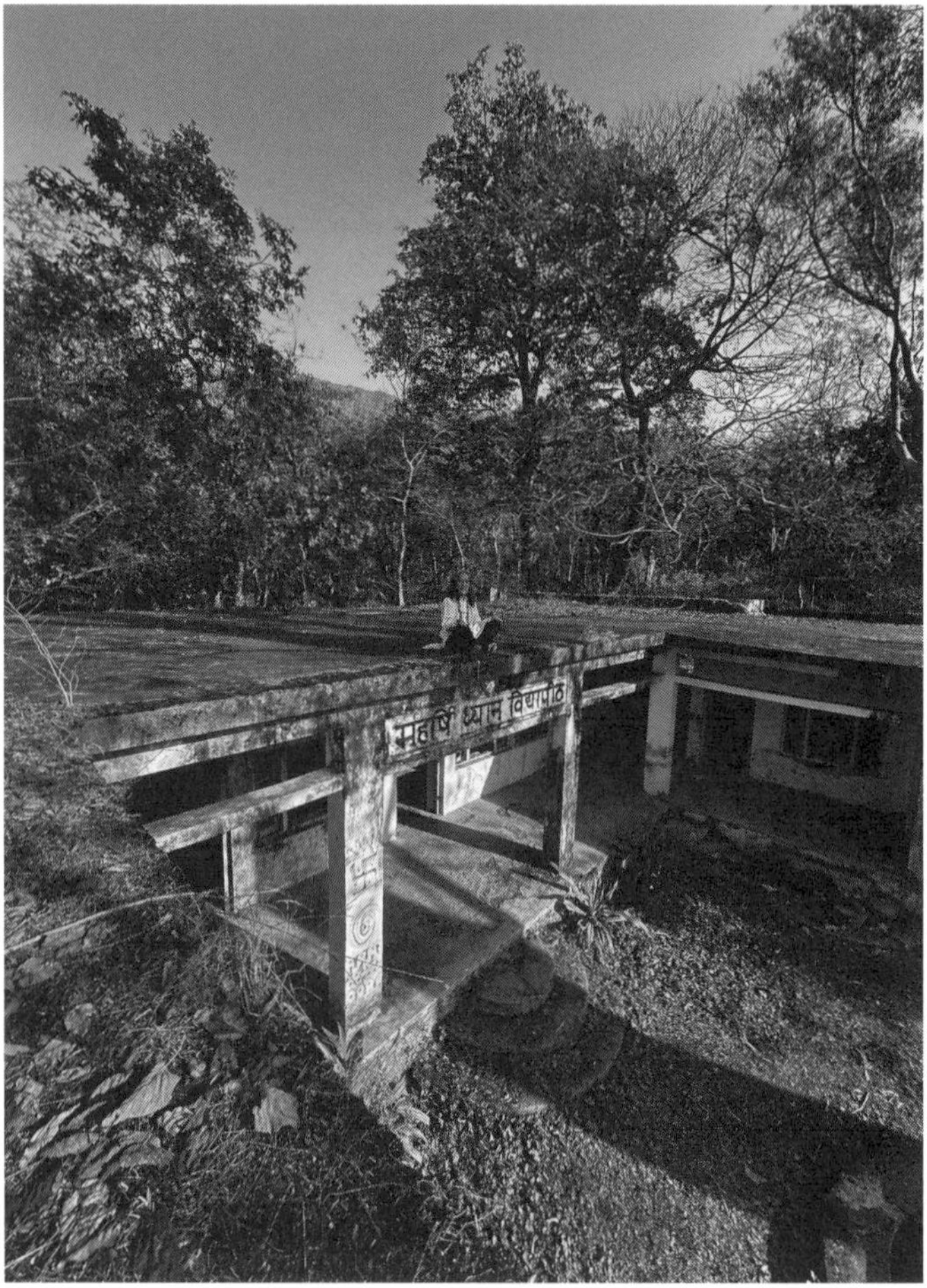

インドのリシケシュにある“ビートルズ・アシュラム”にて
（2024年3月14日／菊池健氏撮影）

ジョンの隣にシンシア、ポールの隣にジェーン・アッシャー、ジョージの隣にパティ、リンゴの隣にモーリン。このときから1年を経たずにジョンとシンシアは離婚、ポールとジェーンは婚約解消、パティは1974年に離婚、リンゴは1976年に離婚。つまり8年以内に全員が別れているんですね。恋は燃え上がる速度が速いほど醒めるのも早い、という法則がファブ・フォーの間でも貫徹してしまった。記念写真が、永遠という存在の脆さを示したものになってしまいました。

藤本　ポール・サルツマンとオンラインでやりとりをしましたが、ジョンとシンシアはほとんど一緒にいなかったそうです。このときすでにジョンの思いはヨーコへ、ということで、ジョンはインドにシンシアもヨーコも連れていきたかったけど、さすがに無理だと思ってあきらめたと言ってました。そりゃそうですよ（笑）。それでジョンはアシュラムにある郵便局に毎朝早くに行き、ヨーコから届く手紙を待ちわびていたそうです。

本橋　シンシアは辛かったでしょうね。

藤本　1967年9月25日に取材でEMIスタジオを訪れた星加ルミ子さんは、「フール・オン・ザ・ヒル」が出来上がる過程に立ち会えるという、これも幸運な出来事を体験されていますが、そのときにジョンはヨーコをスタジオに招いていたというのだから、それ以後、2人の仲は加速していったことがわかります。

本橋　メンバーのなかで最も早く結婚したジョン（1962年～68年）が6年で離婚。ポールが（1963年～68年）5年で破局。ジョージが（1966年～74年）8年で離婚。リンゴが（1964年～76年）12年で離婚。

藤本　ビートルズ・ファンのなかでも、ジェーン・アッシャーが好きという人は多いですね。

本橋　お似合いでしたよ。なんで別れたのか、ポールの浮気現場を見てしまったってことで？

藤本　それは大きいでしょうね。それは決定的。2人は婚約してましたし。1967年のクリスマスに。

本橋　婚約した直後ですよ、破局したの。でも意外と多いんですよ、婚約直後とか結婚直後に浮気がバレて破局になるって。男は本命を得たら油断するのか、遊びたがるから。

藤本　1968年5月、ポールの弟のマイク・マクギアの結婚式に2人揃って出たのが、最後の公の場での顔合わせになりましたね。

本橋　そのときの写真もいいんですよね。2人は手を繋いだり、カメラマンに振り返ってポーズしたり。でも後になって思うのは、すでにこのときすきま風が吹いていたから、お

星加ルミ子編集長による「フール・オン・ザ・ヒル」のレコーディング見聞録が掲載された「ミュージック・ライフ」1967年11月号

互い無理して頑張っていたのかな。

藤本　ポールは、ジェーンには家にいてほしいと思っていたみたいですが、ジェーンは舞台女優だったから、当然、家にいないことも多い。その価値観の違いが大きかったんでしょうね。マリアンヌ・フェイスフルが恋人のミック・ジャガーと2人の家に行ったときに、こんな光景を見たと言ってました。ポールがカーテンを開けると、ジェーンが閉める。しかもどちらも無言のままでと。その相反する行動が舞台劇のようで印象的だったと回想してます。

本橋　まるで倦怠期の夫婦の一場面を見てるようだ。駄目になるカップルの典型的な行動。どっちも折れないいんだから。

藤本　いま目の前で本橋さんと原田英子さん（本書の編集プロデューサー）に、あのシーンを再現してほしいくらいですよ（笑）。ポールはジェーンの実家に居候してましたからね。そこで「イエスタデイ」も書いてますし、ジョンと一緒に書いた「抱きしめたい」もそうです。ピーター・アンド・ゴードンのピーター・アッシャーはジェーンの兄だったということもあり、ポールは「愛なき世界」「二人だけのパラダイス」「逢いたくないさ」と、デビューから3曲連続シングル曲を書いてます。

本橋　「愛なき世界」はとてもいい曲ですよ。

藤本　ポールはジェーンにインスパイアされて曲をいくつも書いてますよね。「アンド・アイ・ラヴ・ハー」と「今日の誓い」は、ジェーンに向けたロマンチックな曲ですが、1965年以降になると「君はいずこへ」「恋を抱きしめよう」「ユー・ウォント・シー・ミー」「フォー・ノー・ワン」など、2人の関係がぎくしゃくしたことを感じさせる内容が増えてます。

本橋　最近、ジェーン・アッシャーがインスタグラムを始めたんですね。はたして本人なのかどうかわかりませんが、若いころからのかなりプライベートな写真が切れ目なくアップされてるんで、おそらく本人かそれに近い人物が投稿してるんだと思います。今はジェーンはイラストレーターと結婚して、3人の子どもの母であり、ケーキデザイナーとして歩んでいます。インスタグラムでもケーキがよくアップされてますね。

ピーター&ゴードンの「愛なき世界」「二人だけのパラダイス」「逢いたくないさ」の日本盤シングル（1964年）

藤本　そうなんですね。リンダも料理好きで料理本を出していますが、ジェーンが料理本を出したときには、驚きました。杉真理さんは、こういうときにこう言うでしょうね。「リンダこまっちゃう」って（笑）。

本橋　それはいいんだけど（笑）。パティとジョージもあんなに熱愛してて、8年で別れてしまうんですよ。2年以上別居していたというから、実質はもっと短い。今日、来るとき、『パティ・ボイド自伝　ワンダフル・トゥデイ』をパラパラ再読してきたんですよ。よくぞここまで語ったというか。今までだと、ジョージが宗教に凝って、パティとの交流が薄くなり、そこにジョージの大親友のクラプトンが前から熱烈にパティを想っていたことで、ついふらっといってしまったと思っていたけど、この本を読むと、心底、ジョージと別れたことを後悔してますね。いまだにジョージのことを想ってる。普通、女性は過去のことにこんなにこだわらないものだけど。

藤本　パティも、ビートルズ・ファンの間で人気が高い「ビートルズの妻」ですが、前に話したように、ジョージとクラプトンとの思い出の品を売り払ったことで、ファンをがっかりさせましたね。

本橋　クラプトンと日本に行ったときのことも書いてあるけど、「日本は醬油の匂いがする国」といって刺身や寿司が大好きで、日本女性のことをすごく誉めていますね。親日家。

藤本　オアシス・ツアーの井上ジェイさんとご一緒している、2017年から続いているビートルズの「冥土の土産ツアー」というのがあって、この3月に初めてインドにも行ってきました。総勢26名で。思えば、インド行きが実現したのは、映画『ミーティング・ザ・ビートルズ・イン・インド』を観た井上ジェイさんが、インドは数多く言っているけど、リシケシュにはまだ行ったことがないとのことで実現したんです。

本橋　藤本さん、6月にもまたロンドン、リヴァプール、ハンブルクに行くんですよね。

藤本　これで5回目になります。行くたびに発見があって面白いです。それで話を戻すと、2023年6月、そのツアーに行く直前に、渋谷のタワーレコードで開催されていたパティの写真展に足を運びました。6月4日と5日に連チャンで。写真集を買うとサインがもらえるということで、サインをもらいがてら、パティとこんな話をしました。

本橋　直接話せたんだ！

藤本　1万円超えの写真集を買えば、ですが（笑）。ビートルズが1968年7月28日に、「マッド・デイ・アウト」と呼ばれる1日がかりのフォト・セッションをロンドンのあちこちに足を運んで行なった際、ジョージは、ネクタイ柄の水色のTシャツも着ていたんですね。それで、それと同じデザインのTシャツを着ていって、「覚えてますか？」と訊いてみたら、「もちろん！　大好きだった」と笑顔で答えてくれました。

本橋　それはすごい。『パティ・ボイド自伝』では、もうひとつ、これはビートルズの悲劇という括りではなく、ビートルズ黒歴史というべき括りで、おそらくトップにくるかなってことが書かれてます。

勝本　ジョージがリンゴの妻モーリンを寝取ったというやつですね。

本橋　そう！

勝本　リンゴの夫婦関係が破綻していた時期に、同情してつい。

本橋　ジョージがリンゴにはっきり打ち明けてるんですね。モーリンもフライアー・パークに何度も泊まってる。大きすぎる邸宅は浮気のもとですね（笑）。

勝本　そうなんですね（笑）。

本橋　この事実を知ったジョン・レノンは「近親相姦だ！」って吐き捨てたっていう。

勝本　へえ、それは知りませんでした。

本橋　不倫関係が露見しても、リンゴとジョージは亡くなるまで仲が良かったし、ジョージとクラプトンも仲が良くて一緒に日本公演までやってます。寛大というか、もしかしたらNTR（寝取られ）嗜好があったのか。

勝本　NTRって言うんですね。それも知りませんでした。さすがはアンダーグラウンドな隠語に強い本橋さん！

黒と白のビートルズ

本橋　ショッキングな写真といえば、〝ブッチャー・カヴァー〟とよばれるアルバム『イエスタデイ・アンド・トゥデイ』（1966年）ですね。高校2年の秋、西新宿の小滝橋にあった海賊盤専門店で買い求めた海賊盤のジャケット。4人が白衣を着て、身体の周辺に人間の腕や足、赤ん坊の遺体、何かの肉といったものがばらまかれている。モノクロのコピーを貼っただけの粗末なジャケットだったから、何が写っているのかよくわからなかったけど、それでも何かヤバいものが写っているくらいはわかりました。

藤本　海賊盤でブッチャー購入とは、二重にヤバいですね（笑）。

本橋　いい出会いでしょ（笑）。

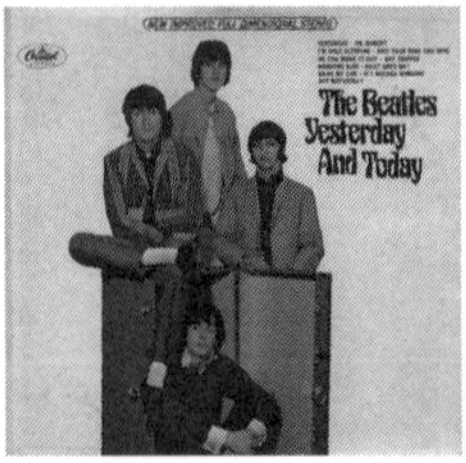

“ブッチャー・カヴァー”から“トランク・カヴァー”に差し替えられた『イエスタデイ・アンド・トゥデイ』（1966年）

“ブッチャー・カヴァー”を使った海賊盤『Casualties』

藤本　私も西新宿には月に3、4回通い詰めましたよ。ビートルズには、専属カメラマンが数人いました。初期で有名なのは、チェコスロバキア出身のデゾ・ホフマンで、次が『ウィズ・ザ・ビートルズ』から『ラバー・ソウル』までのジャケットを手掛けたロバート・フリーマン、そして日本公演にも同行したオーストラリア出身のロバート・ウィテカーです。「ゲット・バック・セッション」ではイーサン・ラッセルが起用されました。〝ブッチャー・カヴァー〟を撮影したのはロバート・ウィテカーで、それ以前にもビートルズの宣伝用に、傘とか椅子とか発泡スチロールとか、小道具を使った、ちょっと風変わりな写真を撮っていました。でも、ここまでヘンテコなのはなかったです。

本橋　そのころからアイドルでいることへの反発があったんでしょう。彼らの笑顔と白衣の上に置かれているバラバラの身体、もちろんこれは模型ですが、その対比が異様でした。

藤本　4人が笑顔で並ぶような、ありきたりのフォト・セッションに飽きていたということがありますね。撮影は1966年3月25日、ロンドンのチェルシー界隈にあるウィテカーのスタジオで行なわれました。もうひとつ、アメリカのキャピトルは、イギリスのアルバムやシングルをまぜこぜにし、曲数も減らし、イギリスの2枚のアルバムから3枚に水増しした編集盤をたくさん出していたんですよね。日本でも初期は『ビートルズ！』とか『ビートルズ№2！』とか『ビートルズ№5』とか、編集盤がありましたよね。それで〝ブッチャー・

カヴァー〟は、イギリスのオリジナル・アルバムを〝解体〟したアメリカへの抗議のために4人がキャピトル盤で抗議を表明するために撮った写真という説が昔からありました。
本橋　それはうがち過ぎかも。
藤本　私も昔はそうかなと思っていましたが、ウィテカーはその説を「まったくのナンセンス」と一蹴してます。ポールも『アンソロジー』の映像で、「それまで僕らがやらされてきたことよりは、少しばかりユニークに見えた」と肯定的なコメントを残してました。でもジョージは、「気持ちが悪いし馬鹿げたアイディアだと思ったけど、バンドのメンバーとしてやらざるを得ない状況だった」と否定的に言ってますね。
本橋　ジョンは？
藤本　「俺のアイディアのほうが良かったよ。ポールの首を切り落とすイメージだ」と言ったそうです（笑）。
本橋　ジョンらしい（笑）。
藤本　ヨーコと2人で全裸になった『トゥー・ヴァージンズ』まで出してるだけありますね。
本橋　あとショッキングだったのは、ポールとリンダが指で自分の目を吊り上げている写真。これは欧米の人間がアジア人を意味するものとしてやっていたもので、最近では差別的ジェスチャーとして問題になっています。2020年、スペインリーグで、日本の久保建英選手が途中出場を前にピッチ横でウォーミングアップをしていたところ、フィジカルコーチが両手で目を吊り上げるジェスチャーを見せて久保に出番を報せるという場面があり、人種差別的ジェスチャーを使ったと波紋を呼びました。

藤本　2023年7月22日にBSフジで放送された、ロンドン在住の日本人カメラマン・トシ矢嶋さんのドキュメンタリー番組を観て、その謎が解けました。トシ矢嶋さんからプレゼントされた「増岡工務店」の作業服を着たポールの写真が出てくるんですよ。それで何かポーズをと言われて、リンダと2人であの目をやっちゃったんだろうと。

本橋　へえ、それはまたなんと安易な。

藤本　ポールが1980年に日本で大麻不法所持で捕まって、ブタ箱でクサいメシを食わされた後に発表した『マッカートニーII』というアルバムがありました。そこに「フローズン・ジャップ」という曲を収録したのも、やはり意識的でしょうね。「ジャップ」が差別用語だという

「増岡工務店」の作業服を着たポールとリンダ

のは世界の常識だと思いますが、ポールは「ジャップ」は愛称で、「フローズン・ジャップ」は日本の富士山をイメージして付けたと言ってました。ジョンとは異なるそういう毒気もまたポールの魅力かもしれませんが(笑)。ジョンが1972年に「ニガー」という差別用語を意識的に使って書いた「ウーマン・イズ・ザ・ニガー・オブ・ザ・ワールド」、邦題「女は世界の奴隷か!」とは正反対ですね。

本橋　ポールといえば、スティーヴィー・ワンダーと一緒に「エボニー・アンド・アイボリー」(1982年)で、ピアノの鍵盤に見立てて、黒鍵(Ebony)と白鍵(Ivory)がハーモニーを奏でるように、白人と黒人、人類が調和するように歌い上げていますよね。ビートルズ解散後、アメリカとイギリス2国でチャート1位をとったポール唯一の曲になりました。ビートルズ時代には、アメリカの南部で公演したとき、黒人席が隔離されていたことに特にポールが抗議して、コンサート中止も辞さないとなって、結局隔離はなくなったことがありましたよね。

ポール・マッカートニー&スティーヴィー・ワンダー「エボニー・アンド・アイボリー」の日本盤シングル(1982年)

ジョン・レノン/プラスティック・オノ・バンド「女は世界の奴隷か!」の日本盤シングル(1972年)

差別には敏感なはずなんだけど。

藤本　ポールは、ビートルズ解散後の1972年にも、ウイングスのデビュー・シングル「アイルランドに平和を」を発表し、北アイルランド紛争へのイギリスの介入を批判しましたよね。1972年1月30日に北アイルランドのロンドンデリー市で起こった「血の日曜日事件」への抗議として翌2月1日に1日でレコーディングした曲です。ジョンとヨーコも同じく1972年に「ザ・ラック・オブ・ジ・アイリッシュ」と「血まみれの日曜日」を発表してます。

本橋　ソロ以降、反戦運動といえばジョンとヨーコのイメージが強かった。でもジョンもビートルズ初期、ステージで脳性麻痺のジェスチャーをやってましたね。あれもよろしくない。本人は抑圧民族への連帯を訴えているのに。1966年、オノ・ヨーコと出会ったころ、いまよりずっとアジア人差別が色濃かったなか、ジョンはヨーコを守り通しましたよね。

藤本　ジョンとジョージは東洋への関心が高く、ポールとリンゴは西洋寄りと言ってもいいでしょうね。1968年のインドのリシケシュ滞在日数からも「2対2」の嗜好の違いが伺えます。

本橋　そうでしたね。以前、世界的前衛芸術家・小説家・詩人の草間彌生をインタビューするという僥倖に恵まれたんです。あの独特のドットと編み目模様のデザインを描く芸術家です。幼いころから編み目模様の幻覚を見てきた。創作に熱中すると、作品からはみ出してテーブルまで延々と水玉模様を描くとおっしゃっていました。水玉模様で覆われたカボチャのオブジェが有名ですが、出されたティーカップにも水玉模様がありました。

1960年代、草間さんは単身渡米して、油絵から野外彫刻、ハプニング芸術とひろげていったんですけど、ちょうどそのころ、もう1人の日本人女性前衛芸術家が渡米していました。オノ・ヨーコです。お互いまだ評価を得る前で、経済的に困窮してて、ガス、電気も止められて、家賃も払えないとお互いこぼしていたそうです。いまよりはるかにアジア人差別がきつかったはずなんですが、草間さんは日本人だからといって差別を感じたことはなかったと語ってくれました。アメリカ社会は実力社会だから、才能のある人間は差別されないのか。それともオノ・ヨーコも草間彌生も精神力がたくましかったからか。

藤本　ヨーコがプラスティック・オノ・バンドを復活させ、意欲作『BETWEEN MY HEAD AND THE SKY』を発表した2009年9月に取材の機会がありましたが、ヨーコは、こんなことを言ってました。

「私はそんなに強い女じゃないのよ。弱い女だからこそ生き延びてこられたの。だから国なんかでもね、強い国より弱い国のほうが、いろんな意味で賢くやっていかなくちゃならないわけ。私もそういうふうにして生きてきたのよ、弱い人間として脳みそを使って」と。

本橋　貴重な言葉ですね。そう言えること自体が強いんじゃないかなと思うけど。
勝本　弱さを自覚している強さは、間違いなくありますよね。また、「女性の在り方がすごく強いと思う。だって、私たちがいなかったら、あなたたちだって生まれていないのよ（笑）」と、いかにもヨーコさんならではの発言もありました。息子ショーンは、そんな母親について日本の『NERO』という雑誌で、こんなふうに語ってました。
「母はいつも不運は実は隠れた幸運なのだと教えてくれるんだ。母に悪いことが起こると、僕は母に『どうして憎しみやネガティブなエネルギーに耐えることができるの？』と尋ねるんだ。彼女は『柔道や太極拳の達人のように、ネガティブなエネルギーをクリエイティビティーに変えるのよ』と答えるんだ」
　ショーンは育ちのいいお坊ちゃまという印象が強いけど、もうすぐ50歳ですね。
本橋　そういえば、ビートルズのサインを欲しがる金持ち、お偉いさんが後を絶たなかったけど、ほとんどがマル・エヴァンスとニール・アスピノールが書いたサインですよね。
勝本　目の前で4人から直接もらったもの以外はすべて偽物と言われるほどですし、「ヤフオク」に出ているものも9割以上、偽物じゃないかと思います。ジョン没後の1982年に出たベスト盤『ジョン・レノン・コレクション』のジャケットに書かれたジョンのサイン、なんてのまで出てきてますから、だませりゃなんでもいいのかというほどの無法地帯と化してます。

本橋　とんでもないなあ。ビートルズが偉いなと思うのは、武道館公演をやった１９６６年、ヒルトンホテルに宿泊した彼らが、ホテルの従業員たちに気軽にサインや写真撮影に応じて

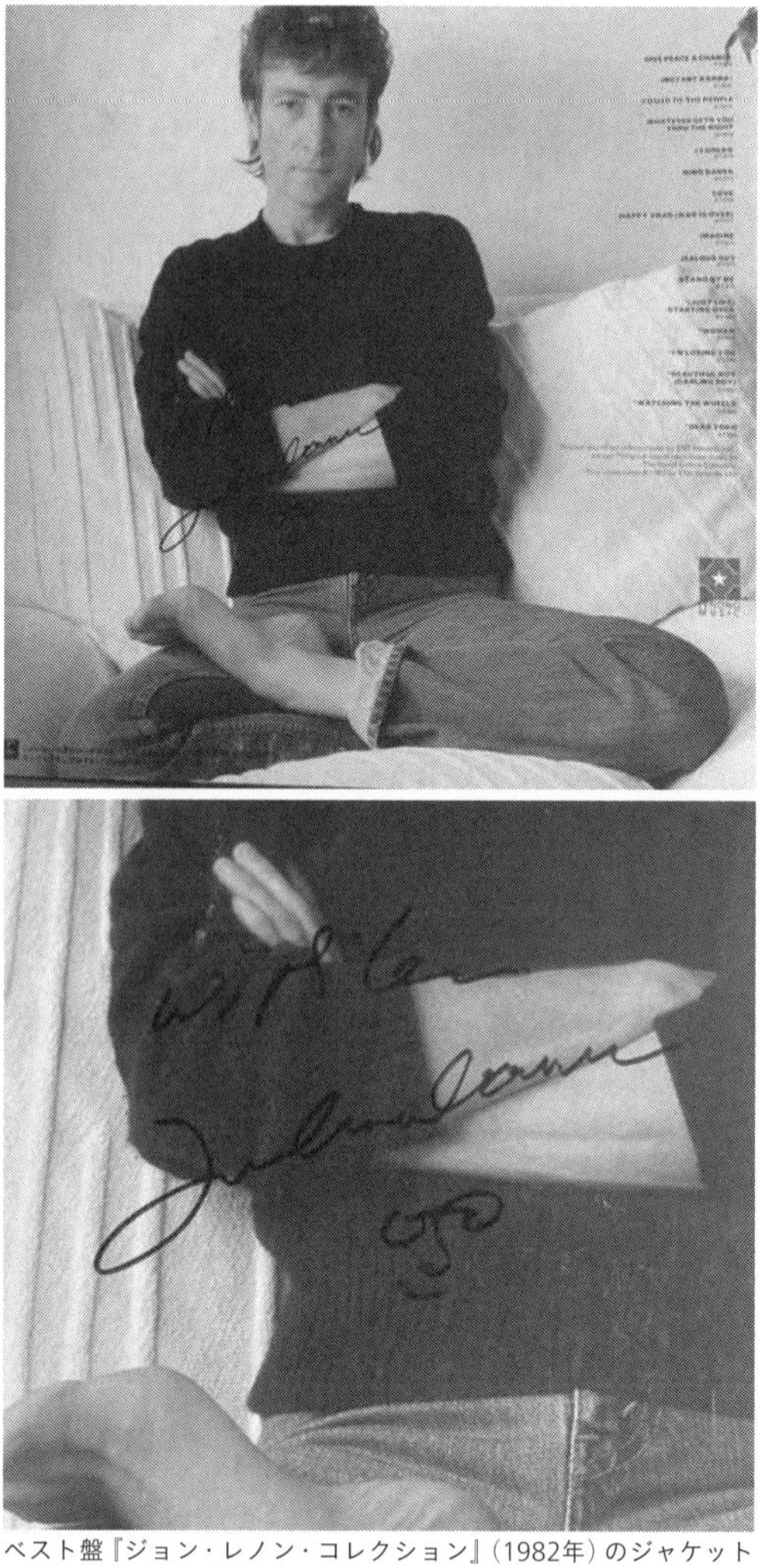

ベスト盤『ジョン・レノン・コレクション』（1982年）のジャケットにジョンが没後に（？）書いた偽サインと、サインの拡大

るところです。最近になって、当時、ジョンやポールに直接書いてもらったサインを持っている元スタッフが見つかったり、従業員と並んで記念写真を撮っていたり、撮影者がジョージという豪華版（笑）。大統領夫妻の晩餐会をすっぽかしても、従業員に振る舞うサービス精神。いいじゃないですか。

藤本　権威的だったり差別的だったりしないビートルズならではの良い側面ですね。

本橋　武道館中継の日本テレビのディレクターが、曲順がわからないからと、ジョンを捕まえて、台本に曲順書いてくれ、と頼んだところ、始まりの「ロック・アンド・ロール・ミュージック」から本人の直筆で書いてくれたという。ジョン直筆のビートルズ楽曲タイトルの中継台本。究極のお宝、超レアの1点物だけど、ディレクターは中継が終わって、ゴミ箱に捨てちゃったという（笑）。どんな人間でも二面性がある。完全無欠はあり得ない。エボニー・アンド・アイボリーですね。

藤本　ポールがハンブルクで買った最初のヘフナーのヴァイオリン・ベースや、ジョンが「ヘルプ!」「イッツ・オンリー・ラヴ」「夢の人」のレコーディングで使用し、映画『ヘルプ!』の「悲しみはぶっとばせ」の場面でも弾いていたフラマスの12弦アコースティック・ギターが、どちらも2024年になって屋根裏部屋から見つかったという大ニュースがありました。ジョン直筆の中継台本も、ディレクターの家の屋根裏部屋を探したら出てきませんかね？

香月利一と落流鳥

藤本　70年代〜80年代にかけてビートルズ研究が進みました。なかでも2人の日本人は欠かせない。『ビートルズ事典』（立風書房／１９７４年）を出した香月利一と、ビートルズの『赤盤』『青盤』をはじめ、東芝ＥＭＩの公式版の訳詞を多く手掛けた訳詞家の落流鳥《おちるとり》の両氏。香月さんはこれからという51歳で心筋梗塞で早すぎる死を迎えてしまい、落流鳥さんは自身に関するインタビュー取材はほとんど受けてこなかった謎の多い人物です。本橋さん、落流鳥さんと会ってるんですよね？

本橋　ええ。この本の編集プロデューサー・原田英子さんの橋渡しで会ってるんです。２０１２年12月号「オール讀物」誌上で書いた「ビートルズに死す香月利一」がきっかけで。藤本さん、原田さんと知り合えたのも、「オール讀物」の書き下ろしが縁でしたよね。

香月利一＝著『ビートルズ事典』（立風書房／1974年）

藤本　そうでしたね。

本橋　デスクで後に編集長になられた武田昇さんが、私が深い関心のある人物をルポルタージュしようということで、ビートルズ・マニアである私なら、世界初の『ビートルズ事典』を出したり、来日したリンゴに仲人を頼んで結婚したビートルズ研究家の香月利一さんなら関心があるだろうと。すでに香月さんは亡くなられていたんですが、地上から消えた人物を周辺関係者の証言で浮かび上がらせるというルポルタージュ手法は私も好きなアプローチでしたから。それで紹介されたのが原田英子さんだったんです。

２０１２年夏、うちの父が交通事故で突然亡くなり、まだ頭の芯がジーンとしていた9月、版元の文藝春秋の会議室で原田さんとお会いしたんですよ。そのときの印象を私はこう書いてます。

〈文藝春秋本社の一室にやってきたフリーランスの編集プロデューサー原田英子は、ジョージ・ハリスンの元妻パティ・ボイドが歳を重ねたらこんな感じになるのではないかという女性だった（本家のパティは見事なまでに太ってしまったが）。〉

藤本　おおっ、原田さん＝パティ説！

本橋　１９７０年代初頭、ポールの脱退でビートルズは事実上解散になっても、関連書は相変わらず売れてました。

原田さんの言葉です。

〈ビートルズで絶対にない本は？　事典だ！　ひらめいたの。これが最初。事典を絶対作ろう！　企画がすぐ決まって、では誰にやらせようということになった。そしたらもう鳥居ちゃんしかいない！〉（『ビートルズに死す』より）。

藤本　香月さんの『ビートルズ事典』が、どういう経緯で誕生したかについては、長い間、謎でしたよね。そしてその鳥居さんは、落流鳥さんの本名。

本橋　そうです。原田さんは旧知の仲の鳥居さんの六本木の仕事場に行って、事典の企画を説いたんですね。そこにたまたま鳥居さんの栃木高校時代の同級生で慶応を卒業してサラリーマンをしている青年に会った。それが香月利一さんでした。原田さんが『ビートルズ事典』の話を鳥居さんにしたら、鳥居さんは猛烈に忙しいので難色を示した。それでその場にいた香月さんがやることになったんです。

香月利一の印象を原田さんが「ビートルズに死す」で語っています。

〈香月さんと最初にパッと会ったときの印象、憶えてますよ。みんな「利一（リイチ）」って呼んでいた。〉

ネットもパソコンもない時代だから、人力だけで膨大な量のビートルズ関連の資料を集め整理することは困難を極めたんです。香月さんは所有しているビートルズ関連資料の他に、徹底して調査、収集をしました。会社が終わると原田さんの事務所で夜遅くまで編集や執筆に追われます。香月さんが書いた原稿は積み上げると1メートル以上に達して、文字数がどれくらいかわからなくなった。

原田英子さんはどうやって処理したのか――。

〈それをどうしたのかというと、デザイナーが〝字数をいちいち数えるの大変だし、ペラで30枚あったら何グラムか、秤で量ってやればいい〟って（笑）。30枚だったら何グラム、50枚なら何グラムという表を作ったの。いまならパソコンで簡単にわかるんだけど、あのころは秤で量った（笑）。でもだいたいあってましたね。そうするしかなかったんです。あまりにも原稿が多いから！〉（「ビートルズに死す」より）。

藤本　私は珈琲豆はグラムで量って淹れてますけど、原稿の文字数を量るなんて、聞いたことがないです（笑）。『ビートルズ事典』は、そんなところからして香月的、いや画期的（笑）。

本橋　原田さんの話を聞いているうちに脳裏にぼんやりしていたものが、だんだん形になって見えてきたんです。鳥居という苗字はどこかで聞き覚えがあった。たしかペンネームで訳詞か何かをしていたはずだ。鳥居さんはある雑誌を編集プロダクションで丸ごと1冊請け負っていたっけ。版元にはだだっ広い畳の間があって、そこが編集部だった。もしかして……。

1980年の記憶がそのとき、2012年に甦ってきたんです。32年前の記憶が。

水道橋駅の目の前にある芳文社という漫画専門出版社から出ていた「大学マガジン」という風変わりな月刊誌を請け負っていたのが鳥居さんたちだったんですね。編集部は大広間の和室で、そこにフリーランスの物書き稼業になったばかりの24歳の私が通っていたんです。ときどきミニスカートをはいた和製パティ・ボイドのような女性が大広間にいたんです。鳥居さんと同じプロダクションにいた女性で、一度も話したことはないけど、編集部にやってくる女子大生とは違う大人の女性という印象でした。私が文藝春秋会議室で話を聞いている女性というのは、あのとき大広間にいたパティ・ボイド!? この本の編集プロデューサーの原田英子さんだったんです。32年ぶりに再会したことに気づいたわけです。そのときの取材の目的は香月利一とは何者だったのかというものでしたから、香月さんと同じ高校で舟木一夫ファンだった香月さんにビートルズを教えたのも鳥居さんだったから、これはなんとしてでも鳥居さんから話を聞きたいと、同時に鳥居さんと32年ぶりに会いたいと、連絡先を知っている原田さんに中継ぎをお願いしたところ、原田さんから返ってきた言葉が、〈絶対会わない。だって世離れしちゃったんだから。彼はすごい優秀な人でしたよ。この世界が嫌になってかかわりたくないといって去っていったんだから。無理〉（「ビートルズに死す」より）。

藤本　落流鳥さんが香月さんの高校の同級生だというのは、香月さんの遺作となった『ビートルズ研究 毒・独・髑・読本』（音楽出版社／2000年）の編集に携わったときに奥様に伺いましたが、そんなに古くから原田さんと本橋さんに接点があったなんて。

本橋　それでも「鳥居さんに、本橋が会いたがっていたと伝えてください」と原田さんに頼み込んだところ、「では連絡だけしてみます」ということになりました。すると無理が叶って、九段パレスのラウンジが32年ぶりの再会の場になったんですよ。

「業界の人に会うの何十年ぶり。いま地の底で生きているから。本橋君だから会いてえなって思ってさ」

32年ぶりの再会で、落流鳥こと鳥居さんはそう言いました。

香月利一＝著『ビートルズ研究 毒・独・髑・読本』（音楽出版社／2000年）

リンゴ・スターが香月夫妻の仲人を務めた写真をあしらった冊子（『ビートルズ研究 毒・独・髑・読本』（出版記念会で配布）（2000年）

落流鳥こと鳥居幹生はマスコミ業界を離れ、割烹で働いていたんですね。短髪だった髪に白いものが混じるけど、ほぼあのころのままでした。私が結婚し、2児の父になっていたことに、落流鳥は感激してました。そして精神的にだいぶ落ち込んでいる様子でした。私が「メディアと厨房、どちらが生きやすいですか?」と問うたところ――。
「厨房は忙しさのまま終わってしまうのがいいよね。何も考えずに。メディアにいるといろんなこと考えちゃうからね。最初からこれやってればよかったなと思うときがある。何も考えずにコツコツ貯めることだけ考えて、そういう人生もいいかな」

藤本　落流鳥さんのお話は、「ビートルズ人生」をどう生き抜くのか、深く考えさせられます。私のような、解散後にビートルズの深みにハマった後追い第2世代のほうがオタク化しやすいんですよね。60年代にリアルタイムで聴いていたファンに比べて。「実物」を知らないので、その分、妄想力も鍛えられるわけです。妄想力を鍛えると言っても、ただ闇雲に、適当に思い浮かべるのではなく、事実と事実を絡ませて、その先を勝手に読み解いていくんです。ビートルズを知るために、ビートルズの「ビ」の字の付いた本や雑誌は片っ端から買って、事実を知り、知識を増やしていく。そうすると、とりわけ何度も目にする名前がある。それが香月さんであり落流鳥さんであり、ビートルズの担当ディレクターの石坂敬一さんだったんですよ。落流鳥さんは、やはりビートルズの歌詞の解釈が独特でした。ビートルズ以外にも幅広く関わっていたなんて、当時はまったく知りませんでした。そもそもなんて読むのだろうと、長年思っていましたが、あるとき、仮名でも振ってあったのかなと思います、「おちるとり」と。筆名からして、詩的ですよね。

本橋　香月利一にとって落流鳥こと鳥居幹生は憧れの存在でした。落流鳥は早稲田大学商学部に進学、同じく早大志望だった香月利一は浪人中に英語の成績が急上昇したので、英語の配点が高い慶大法学部に志望を変更して、合格します。

鳥居さんは1970年、ジョンの「インスタント・カーマ」が発売されたころ、ジョン・レノンに会いにロンドンまで行ってるんですよ。仕事先の東芝EMIの関係者に紹介状を書いてもらって、ビートルズに会いたいから、リュックに〝MEET The BEATLES〟って書いて。ロンドンに着くと、日本レストランでアルバイトしながら、ジョンと会える機会を探っていたんです。そしたら、映画『レット・イット・ビー』に出てくるアップルの可愛い女の子と仲良くなって、〝ジョンが来たら教えてあげる〟って言われて。ある日、女の子からジョンが〝そっち行くから〟って連絡が入って、本当にレストランにジョンとヨーコがやってきた！　ヨーコには、大きなキャンバスに針で穴を開けてごらん、空をのぞいてごらんっていう作品があるんだけど、絵がうまかった鳥居さんもそういうことを本気で考えていたので、アイディアをノートに描いてヨーコさんに見せたら、喜んでくれてハグまでしてくれたんですね。そして鳥居さんをジョンに話してくれた。落流鳥こと鳥居さんはとっさに「抱きしめたい」〝アワナホージョーハン〟って、思わず口から出た。そしたらジョンが握手してくれた。〈目的を達成した落流鳥は羽田空港に降り立った。出迎えに来ていたのは香月利一だった。人生のすべてを捧げるほどにビートルズに入れあげている香月にとって、同級生がジョンと会い、握手までして帰国したことは複雑な心境だったに違いない。「羽田に戻ってきたとき、あいつに知らせてなかったけど、聞きつけて出迎えに来てくれた。そして僕のこと〝嫌いだよ〟ってひとこと言って帰っていった」〉（『ビートルズに死す』より）。

藤本　このときには香月さんは、鳥居さんをライバル視していたんですね。

本橋　落流鳥と香月利一は無二の親友同士でしたけど、ビートルズがリアルに間に入り込むと、ビートルズをめぐる三角関係のような状態に陥ったんでしょう。

70年代、落流鳥のビートルズに関する超売れっ子ぶりというと、帰国してからビートルズの『赤盤』と『青盤』のベスト版の対訳を1日でやったのをはじめ、1971～72年はビートルズのソロ・アルバムの対訳をやったり、今の藤本さんに匹敵する忙しさでした。

藤本　いえいえ、畏れ多いです。

本橋　この他に学研、旺文社の12誌の音楽ページを全部1人で書いたり、ラジオの構成を4、5本やっていた。落流鳥の収入は、「大手企業の初任給が5万円の時代に60万円稼いでいた」

というほどでした、書き過ぎて手が上がらないくらいすごい量を書いていた。だから原田さんから、『ビートルズ事典』をやらないかと誘われても、物理的にきつかったはずです。それで『ビートルズ事典』は断わったんだけど、香月さんが手掛けたやつが高額にもかかわらず、10万部以上売れて、一気にビートルズ研究家として評価が高まったので、微妙な心境だったのかもしれない。鳥居さんに再会したときに、香月さんの活躍をどう思ったか聞いてみたんです。そしたら――。

「無だね。感じない。でもあそこまでまとめたのは尊敬するよ。彼じゃなければできなかった。まさに『事典』にハマった。それが彼の素晴らしいこと。あいつには何度も『嫌いだよ』って言われたけど、『嫌い』ってことはその前は好きだったってことでしょう」

藤本　香月さんの『ビートルズ事典』は、同世代のビートルズ・ファンにとってはまさにバイブルでしたからね。インターネットのない時代に、編集作業も含めて手作業であそこまで網羅した本を作るなんて、いったいどれだけの労力がかかったのかと思うと、クラクラします。

本橋　日本のビートルズ研究は、『ビートルズ事典』から始まった、ということですね。

藤本　もうひとつ香月さんを有名にしたのは、1976年に来日したリンゴ・スターに仲人をやってもらった日本人、ということでした。香月さんが全編編纂し、執筆した『ザ・ビートルズ　その栄光の軌跡』（音楽専科臨時増刊／音楽専科社／1979年）に、そのときの舞台裏が記されています。香月夫人とグアムで結婚式を挙げようと思ったけど、ビートルズのいない結婚式は考えられなかったと思うあたりが、普通のファンとは違います。そうしたら「音楽専科」が宇崎竜童とリンゴの対談を企画するというので、対談が終わったあと、日本には仲人という風習があるので仲人になってほしいとリンゴに伝えたら、さすがは役者ですね。その場で牧師役をしてくれたと。

本橋　香月夫人の回想によると、リンゴが少し酒臭かったとか、手がふわっとして温かかったとか、リアルですよね。夫人はジョン・レノンのファンで、郊外のご自宅までうかがって話を聞いたんだけど、資料保管用の部屋があって、そこに膨大な掲載誌が保存されていました。大きな絵が2枚あって、1枚は香月さんの誕生日に落流鳥が描いて贈った、眼鏡と長髪のジョン・レノンの絵。もう1枚は『レット・イット・ビー』のジャケットで有名な、振り向くジョージ・ハリスン。香月利一は、１９７０年にポールが脱退するときに、結婚前の夫人とともにファンクラブで解散反対のデモをしたんです。鳥居幹生がプラカード代わりに描いたのが、そのジョージの絵でした。それを香月利一が掲げたんですが、香月さんが亡くなった後、「香月が掲げてくれた絵だから」と鳥居さんが贈ったのでした。その後、落流鳥も姿を消して、残念ながら消息はつかめません。

柔道着のジョン・レノン

本橋　藤本さん、昨日（2024年4月12日）の「朝日新聞」夕刊見た？

藤本　姉が教えてくれました。これ、あまり知られていませんが、10年ぐらい前にも「東京新聞」が記事にしたので、そのときに知りました。

本橋　さすが。私も以前、どこかで見た記憶があるんだけど、あらためて一面で見ると衝撃度が違いますね。

藤本　いい記事ですよね。

本橋　1977年以降、ジョンとヨーコは毎年来日していました。記事によると、ジョンが「日本の伝統文化である柔道を見たい」とヨーコに伝えたところ、ヨーコの弟が世田谷の柔道私塾の師範と親しくて、その関係で見学が急遽決まった。ジョンは和室に通されると、「柔道着を着てみたい」と要望して、ヨーコとともに着ています。本当にこのころのジョンとヨーコは仲が良かった。

藤本　ジョンは、柔道よりも相撲への関心が昔からあったようで、1971年1月にヨーコと一緒に日本に来たときは京都のホテルのテレビで相撲をよく観ていたようです。

本橋　ビートルズの日本公演以来の来日ですね。

藤本　ええ。ジョンは、若浪という、小兵だけど筋肉質で力の強い力士を気に入っていたようです。優勝経験もある若浪は、土俵際での「うっちゃり」が得意技で、逆転勝ちするたびに喜んでいたと。でも、その豪快な技よりも、見た目がジョンの好きそうな顔なんですよ。

本橋　と言うと?

藤本　10代の美術学校時代にジョンは、教師の似顔絵を面白おかしく描いてクラスに配って笑いを取っていたという話がありますが、若浪も、まさにジョンが喜んで描くような顔をしているんです。もみあげが長くて、ヒトクセありそうな顔で。

本橋　なるほど。

藤本　私自身、「ビートルズとカレーと相撲」が好きだと常々言っていて、2022年7月からはそこに「猫」も加わりましたが、相撲を見始めたのは昭和46年初場所。それからはいまだに欠かさず見続けていますが、ジョンが京都のテレビで観たのが、まさに私が意識的に相撲を見始めた場所でもあったんですよね。予期せぬ驚きです。

本橋　それはまた奇遇で。

藤本　ビートルズを意識的に聴くよりも早く、相撲に目覚めていたわけですね。ジョンのまわし姿も見てみたかったです。

本橋　ジョンは、道場の中学生と乱取りまでしています。師範の娘で小学5年生のノリコちゃんがジョンの乱取りを見て、「ダンスを踊っているよう」と見とれています。ノリコちゃんによると、ジョンは礼儀正しく、「柔道は素晴らしい」と絶賛してます。お礼にジョンは道場の生徒たちに40枚ものサインを書いています。よほど気に入ったのか、2歳になる息子のショーンを連れて、2週間後にふたたび道場を訪れています。ショーンの遊び相手はノリコちゃんでした。

「また必ずここに帰ってくるから」とジョンは約束したのですが、3年後、凶弾に倒れ、望みは叶いませんでした。ノリコちゃんは泣いて悲しみ、ジョンの曲が聴けなくなった。

勝本　知られざるエピソードですね。

本橋　そして中学で柔道を始めたノリコちゃんは大学4年、1988年、ソウル五輪で銅メダリストになりました。ジョンが生きていたら、銅メダリストになったノリコちゃんを見て、何かドラマが生まれたでしょう。ジュウドウと少女が歌になったり。

勝本　「ヘイ・ジュウドウ」と言わせたい流れですね（笑）。しかも「ジュウドウ」は「柔銅」で（笑）。くどいかも？

本橋　いやいや（笑）。ジョンには20代のころから東アジア的なものへの強い関心がありましたよね。1966年の来日時に、ヒルトンホテルにカンヅメになっていると、業者が持ってきた和服を着崩して部屋着にしてます。これがよく似合ってますよね。警察の規制の厳しかった来日時、出遅れた湯川れい子さんが、なんとかビートルズに直撃できないかと苦労していたら、主催の協同企画（現・キョードー東京）の永島達司氏から「警備員が腕に巻いている腕章にジョンが興味をもっているから、持っていったら」とアドバイスされて、さっそくお土産にもって部屋に入ったという話がありました。

藤本　湯川さんは、「週刊読売」のビートルズを特集した増刊号を任されていたので、なんとしてでもメンバーに話を聞かないとならなかったそうです。

本橋　そうでしたね。ジョン以外の3人は歓待してくれたのに、ジョンだけが無視していた。後に湯川さんがこのときのジョンの冷たさを本人にぶつけると、ジョン本人が、いつも自分たちに取り入りたい連中ばかり寄ってきて辟易していたんだ、と打ち明けています。でも腕章の効力は絶大で、部屋にも行けたし、ジョンは腕章を受け取って、なんと機上の人になるとき、腕章を巻いたジョンがタラップを上がっていきます。

藤本　まわしは締めずに腕章は巻いたジョン、ですね（笑）。

本橋　そう。この年1966年夏、中国でおきた文化大革命で天安門を埋め尽くした紅衛兵のべ1000万人が、腕に「紅衛兵」の腕章を巻いて、毛沢東の閲兵を受けたシーンがあります。ジョンには東アジア的なオブジェに対する強い関心がありましたね。1971年には、シングル「パワー・トゥー・ザ・ピープル」、邦題「人々に勇気を」のジャケットに、日本のゼンガクレンが被った白いヘルメット姿で写っていますから。ジョージは同じアジアでも中央アジア、ジョンは東アジア。ふたりがアジアに強い関心をもっていたのは、アジア人としても悪い気はしませんね。

藤本　ジョンは美術学校時代に、東洋に関心のある同級生がいたそうですね。1965年に『ミュージック・ライフ』の星加ルミ子さんがEMIスタジオに取材で行ったときに、相撲レスラーや浮世絵などの話をジョンから訊かれ、それをヒントに、お相撲さんがやるように4人の手形をペンでなぞって誌面に掲載したと。

本橋　1971年、お忍びで来日したとき、ジョンが松尾芭蕉を気に入ってると答えています。この時代、ジョンはシンプルさを求めていますよね。特に作詞に。芭蕉の「松島やああ松島や　松島や」を絶賛していた記憶があります。もっともこの句は芭蕉ではなく、今では相模（神奈川県）の田原坊の作と言われていますが。『ジョンの魂』は芭蕉の俳句の影響がみられますね。

ジョン・レノン「人々に勇気を」
の日本盤シングル（1971年）

藤本　来日時にジョンとヨーコにインタビューした東芝音楽工業の2代目のビートルズ・ディレクター、水原健二さんとのやりとりは、インタビュー・レコードにもなりました。それを聴くと、1970年に出た最初のソロ・アルバム『ジョンの魂』について、日本語で「シブイ」アルバムだと言い、「俳句は最も美しい詩だ。自分の書く曲はもっと短く簡潔になっていくかもしれない。このアルバムには歌詞も音もシンプルで禅の精神がある」とも語っています。

本橋　「シブイ」というのがいいですね。

藤本　ジョンは「わびしい」とか「さびしい」とか「おかげさまで」という日本語を気に入っていたようですね。同じくその来日時に東京・湯島にある骨董店「羽黒洞」を訪ねたときの話は、ファンにはよく知られています。床の間にあった白隠や仙厓の絵（禅画）についてヨーコの説明を聞いていたジョンは、「いくらだ?」と尋ね、次々と「OK」と言って購入。そして、松尾芭蕉の俳句「古池や　蛙飛びこむ　水の音」の短冊を見たジョンの目の色が変わったと。

本橋　やっぱり芭蕉に魅せられた。

水原健二が聞き手をつとめた「ジョン・レノン&ヨーコ・オノ特別インタビュー」シングル（1971年）

藤本　そしてジョンはこう言ったそうです。「僕がこれを買って海外に持って行くことを、どうか嘆かないでほしい。ロンドンに帰ったら日本の家を建て、日本の茶席を造り、日本の庭を造り、日本のお茶を飲み、床の間に掛け軸をかけて、日本人の心になってこの芭蕉を朝夕見て楽しむから。日本人に売ったものと思って嘆かないでほしい」と。

本橋　ジョンは、ヨーコの影響があったとはいえ、日本びいきでもあったわけですね。

藤本　その後、東銀座の歌舞伎座で、中村歌右衛門と中村勘三郎の『隅田川』を観に行き、セリフはまったくわからないのに、殺された我が子を見て母親が泣き崩れる場面を見て涙を流すジョン。これも忘れ難いエピソードです。しかも外国人が喜びそうな、派手な歌舞伎を続けて観たら、「ノー」と言ってまったく興味のない素振りだったそうです。直観を大事にするジョンならではの話ですね。

『アンソロジー』を聴く

藤本　ビートルズ解散後、特に70年代半ば以降、ビートルズ再結成の噂が絶えず、世界的にも大きな話題になっていました。一時はジョンとポールも乗り気で、2人の共作活動も、なんていう話が水面下であったり。でも、ジョンの死ですべてが夢に終わったと。そんななか、90年代になり、ビートルズの歴史をまとめた『アンソロジー』シリーズを作ろうという動きが出てきて、最終的には映像・音源・書籍の、相撲で言う「三所攻め」（相手の両足と胸の3ヵ所を同時に攻める技）が決まり、1995年から96年にかけて公表されました。ジョンのデモ音源に他の3人が手を加えて完成させたヴァーチャルな〝新曲〟「フリー・アズ・ア・バード」は大きな話題になりましたよね。

本橋　『アンソロジー』って公式海賊盤みたいなもんじゃないですか。よく出ましたよねえ。

藤本　あれはニール・アスピノールの念願だったんですね。70年代初頭は『ザ・ロング・アンド・ワインディング・ロード』っていうタイトルだったんです。解散間際ぐらいからニールは、ビートルズのドキュメンタリーを作ろうとしていた。でも、ジョージが、「ザ・ロング・アンド・ワインディング・ロード」はポールの曲だから、そのタイトルはいやだと（笑）。それで『ビートルズ・プロジェクト』みたいな仮のタイトルで進め、それが結局『アンソロジー』で結実したんですね。

本橋　それでジャケットは旧友の。

勝本　クラウス・フォアマン。あれは良かったですよ。

本橋　『アンソロジー』は本当にすごかった。本来だったらレコードの正規版が出る前の荒削りな試作は、表に出しませんよね。NGの音源が関係者から流出して海賊盤になって、西新宿の小滝橋通りにある海賊盤屋に並んだりしたもんだけど、『アンソロジー』はアップルから出たいわば正式海賊盤ですからね。メイキング好きの私にはたまらないです。未完成の

ビートルズ『アンソロジー 1』（1995年）／『アンソロジー 2』（1996年）／『アンソロジー 3』（1996年）

音源を公式に発売するという掟破り！　まあビートルズという名前で売るには、もう未完成作品しか残っていなかったという台所事情もあるでしょうが。

藤本　制作過程を公にすることで、曲の成り立ちやサウンドの変遷がわかるという、私のようなスタジオ音源マニアには、もうたまらない内容でした。

本橋　もし生涯でひとつだけ願いが叶えられるとしたら、レノン＝マッカートニーが1963年秋、ジェーン・アッシャーの地下室で「抱きしめたい」を対面で作ってるところを見たいですよ。天才同士がいかに曲を作っていったのか。それに近い再現が『アンソロジー』にあった。やっぱり、レコーディングのとき、当時からポール主導ですね。「抱きしめたい」のあの印象的なイントロも、ポールが「もっと強く」「もっと早く」とか。

藤本　スタジオでジョンを元気づけるポール、なんていうのもあって、まあ仲が良いですよね。

本橋　作詞に関してポールはジョンを先輩格として、初期の「アイ・ソー・ハー・スタンディング・ゼア」でポールが“Well she was just seventeen, never been a beauty queen”（彼女は17歳、美人コンテストの女王ではない）と作詞した。ところがジョンが、韻の踏み方がダサいと、後半部分を“You know what I mean”（ねえ、わかるだろ）に変更させた。英語曲は韻を踏みながら作る特徴がありますから。ビートルズはこの点もきっちり作ってます。日本の高名な作詞家から聞いた話だと、日本の楽曲はここまで韻にこだわるのは少ない、ということでしたけど。

藤本　韻を踏むのは、もう厳格なルールと言ってもいいでしょうね。ボブ・ディランの影響を受けて書いたと思われる「イッツ・オンリー・ラヴ」をジョンが嫌っているのは、おそらく韻の踏み方が、しつこいというかベタすぎるからじゃないかと思います。日本だとラップやヒップホップが出てきてからは、語呂合わせ的面白さが増えましたよね。私も、語呂合わせというか、ダジャレがすぐに思い浮かぶので、自分でも困ってます（笑）。

本橋　だったら言わなきゃいいのに（笑）。「アイ・ソー・ハー・スタンディング・ゼア」からわずか2年弱、世紀の名曲「イエスタディ」でポールは、“Yesterday”の韻を“Suddenly I'm not half the man I used to be”の“I used to be”で踏むという高度なテクニックを駆使するに至りました。天才的な韻の踏み方ですよ。ジョンは「ア・ハード・デイズ・ナイト」で、“like a dog”と“like a log”――意外とわかりやすい踏み方です。ポールはメロディ、ジョンは詞と思われがちだけど、ポールは作詞もすごかった。「ヘイ・ジュード」でポールは“shoulder”という単語を入れているけど、彼自身は自信がなかったようで、『アンソロジー』ではジョンに、この単語は後で変えるから、と言い訳してます。そしたらジョンが、「え？“shoulder”、いいじゃない」って肯定したので、自信をもって歌詞に入れたって。ライヴで「ヘイ・ジュード」の“shoulder”の箇所を歌うときは、いつもジョンのことを思い出すと回想してます。

藤本　後半の“The movement you need is on your shoulder”の箇所ですね。

本橋　ほんと、曲作りでは絶対君主のポールですが、やはりジョンだけには聞く耳を持っていた。

藤本　イギリスの音楽雑誌「Q」が2001年に「史上最大のヒーロー」をテーマにした特集を組み、「あなたのヒーローは?」というアンケートを募集したんです。そのときにポールは、自分でこう書き込んだそうです。「ジョン・レノン」と。2歳上のジョンは、ポールにとって永遠のアイドルなんでしょうね。

本橋　それなのに、なんでウイングスなんてのを作ってしまったのか。

藤本　人前で演奏するのが生き甲斐のポールは、1969年1月の「ゲット・バック・セッション」を軌道に乗せて、そのあと4人でコンサート活動を再開したかったんでしょうね。アップル・ビルの屋上での演奏も最高でしたから。でもそれが夢に終わってしまったので、だったらもう一度、リヴァプールやハンブルクの下積み時代のビートルズと同じように、今度は自分のバンドを作り、大学への「ドサ回り」から始めて世界を目指そうと。そんな強い決意でウイングスを結成したんだと思います。

本橋　1971年、ポール新バンド結成！　とか報道があって、ジョン・レノンとジョージ・ハリスンに代わって、メンバーはデニー・レイン、デニー・サイウェル、リンダと知ったとき、その格落ちぶりにめまいがしました。ビートルズ・ツアーの前座をやっていた元ムーディー・ブルースのメンバーとセッション・ドラマーと妻。人間性は別として、なんか小粒になったなあと。ジョージ・マーティンがポールに、なんできみはいつも力の劣っている人間とばかり組もうとするのか、と言ってたけど、まさしくですよ。

藤本　『タッグ・オブ・ウォー』をウイングスで作ろうとして1980年にジョージ・マーティンにプロデュースを依頼したときに言われた言葉ですね。私はむしろポールの、無理を承知でビートルズを超えてやろうという心意気を買いますし、実際ウイングスはビートルズ級になったと思ってます。60年代のビートルズと70年代のウイングスの活動は、流れがよく似てますし。

本橋　うーん。

藤本　そしてポールは、ウイングスどころじゃないほど長い間、同じメンツでコンサート活動も続けています。でも個人的には、そろそろ今のバンドは解体し、リンゴ・スター・アンド・ヒズ・オール・スター・バンドのメンバーになって、2人のデュエットが楽しめる「アクト・ナチュラリー」や「シックス・オクロック」や「ピュア・ゴールド」や「ウォーク・ウィズ・ユー」などを一緒に歌ってほしいと真面目に願っているんですけどね。

メラニー・コーの奇跡

本橋　1963年8月から放送開始された「レディ・ステディ・ゴー」（ITV）は、デビューから間もない若いビートルズたちが観られる貴重な番組ですよね。ビートルズと同時期に活躍したいわゆるリヴァプール・サウンズのひとつ、デイヴ・クラーク・ファイヴのドラマーでリーダーのデイヴ・クラークがその後、番組著作権を所有してビデオ発売してるんですよね。初々しいビートルズが登場するので持っているんですが、今ではYouTubeでも観られるようになりました。うれしいことにビデオ版ではカットされていたシーンも観られますから。

藤本　デイヴ・クラークは、版権ビジネスにいち早く手を伸ばしたミュージシャンでしたね。ジョンとポールも同じくらい事業家的才覚があったら、ビートルズは、もしかしたらもっと存続していたか、もっとひどいことになっていたか、どちらかだったかもしれませんね。

本橋　番組では、襟なしジャケットのジョンが、ゲスト司会のダスティ・スプリングフィールドからインタビューされるんだけど、ダスティを気に入ってるジョン（ダスティが1歳年上！）が際どい答えをして彼女を戸惑わせたりします。口パクですが、ビートルズ初期のシブい曲「イット・ウォント・ビー・ロング」「ユー・キャント・ドゥ・ザット」「アイル・ゲット・ユー」なんてのも演ってます。彼らが演奏するまわりをスタジオ参加者が取り囲み、踊るんですが、なかにはビートルズを狙って、グルーピーになりたい風情の女たちが何人もいることがわかるんですよ、あ、狙ってるって（笑）。

藤本　ただ近くにいたいだけじゃない女性ファンたちですね（笑）。ビートルズがライヴ活動をやめてスタジオに籠り、レコーディング中心の活動になると、熱心なファンは、必然的にＥＭＩスタジオで「入り待ち」「出待ち」をするようになりました。節度のあるファンは遠巻きに眺めたりしていましたが、幸運なファンはスタジオに招き入れられ、たとえば「アクロス・ザ・ユニバース」のレコーディングに参加できた。これも縁というしかないですね。ジョージはそうした節度のあるファンを「アップル・スクラッフス」と呼び、曲としても仕上げ、最初のソロ・アルバム『オール・シングス・マスト・パス』に収録しました。

本橋　そうでしたね。ダスティ・スプリングフィールドは、金髪のくどい髪型と色気とハスキーな歌声で、ジョンの好みだとわかりますよ。私は〝ロンドンのちあきなおみ〟と勝手に呼んでいますが（笑）。彼女の持ち歌のひとつ、１９６３年の「二人だけのデート」は、ベイ・シティ・ローラーズが１９７６年にカヴァーして大ヒットしてます。ダスティはビートルズと同時期を疾走した大物歌手であり、途中、ドラッグとスキャンダルで潰れてしまいますが、80年代後半に奇跡的に復活しました。１９９９年3月2日、惜しくも癌によって59歳で空に旅立ちました。

藤本　プレスリーの「この胸のときめきを」も、もともとダスティが歌っていた曲でしたね。

本橋　そうですね。「レディ・ステディ・ゴー」には興味深いコーナーがいくつかあって、そのなかにスタジオ参加者によるダンス・コンテストがあるんですよ。４人の少女たちがブレンダ・リーの「Let's Jump The Broomstick」に合わせて踊るコンテストで、当てぶりですね。審査員は襟なしジャケットのポール１人。４人いっせいに曲が終わるまで無言のまま踊るという不思議なシーンです（笑）。いかにも60年代的演出というか。「ポール、誰が一番？」と司会者がマイクを向けると、ポールは「ナンバー４」と答える。その子がメラニー・コーという13歳の少女でした。ポールが賞品のビートルズのアルバムを贈呈して、握手すると、メラニーはさっさと退場するんです。

藤本　メラニーがあっという間に帰っちゃう場面は、ポールをまったく狙ってなくて最高ですよね（笑）。彼女は実はジョージのファンで、ジョージとリンゴがリハーサルの

「レディ・ステディ・ゴー」のダンス・コンテストで優勝した「ナンバー4」の少女（1963年10月4日）

ときに優しくしてくれ、ジョンにはほとんど相手にされず、ポールは挨拶を交わしただけだったそうです。優勝者はスターとデートできると思っていたのに、レコードをもらっただけでがっかりしたとも言っているので、さっさと退場する場面は、失望して、だったのかもしれません。

本橋　さすが、藤本情報！　たったそれだけのコーナーなのに、この回は4年後、ひとつのドラマを生むんですね。1967年2月27日、ポールがたまたま読んだ「デイリー・ミラー」紙に、少女の失踪事件が載った。優等生の少女がおそらくは家出をしたのだろうという内容で、この記事を読んだポールはアルバム『サージェント・ペパー』を制作しているところでした。そこでポールは、記事に触発されて、少女が家出する詞を書いた。途中でジョンが加わり、両親の視点で、少女の家出に狼狽している様子を歌います。

レコーディングでは美しくせつないハープが奏でられ、ポールとジョンの声が交錯し、隠れた名曲になっています。私がこの曲を知ったのは、妹が読んでいた「マーガレット」か「りぼん」だったかの連載漫画

A-level girl dumps car and vanishes

THE FATHER of 17-year-old Melanie Coe, the schoolgirl who seemed to have everything, spent yesterday searching for her in London and Brighton.

Search

メラニー・コーの家出を報じた「デイリー・ミラー」紙（1967年2月27日）

に「シーズ・リーヴィング・ホーム」が流れている場面が出てきたんですよ。当時中学2年か3年だった私は、タッチの差でビートルズ体験ができなかったことを悔いて、どんなものでもいいからビートルズを追っていた時期でした。そしたらこの曲にはとんでもない偶然が隠されていたんですね。家出少女は、「レディ・ステディ・ゴー」のダンス・コンテストで優勝したメラニー・コーだったんです。以後、「シーズ・リーヴィング・ホーム」はメラニー・コーのエピソードを伝えながら『サージェント・ペパー』に息づきます。

藤本　偶然にしてはあまりにも出来過ぎてる話ですよね。

本橋　メラニー・コーは同曲が自分を描いたものだと知り、一人っ子として生きてきた自分の孤独を代弁していると吐露しました。こういうのもシンクロニシティというんでしょう。傷つきながらも家に戻ったメラニー・コーはその後、人生の悲哀をかみしめながら、七十路を越えて、緑濃い地で暮らしているといいます。

藤本　1963年10月4日にコンテストで優勝したメラニーは、番組のプロデューサーに気に入られていて、それ以前からお客さんとしてスタジオに足を運んでいたようですね。優勝後は毎週、番組で踊るようになったそうです。たしか子どもが2人いて、2010年代に亡くなったという記事を目にしたことがあったように思います。

本橋　不思議なのは、ポールが同曲のレコーディングをとても早くやりたがっていたという事実ですね。ジョージ・マーティンがシラ・ブラックのレコーディングにかかりっきりだったので、ポールは別のアレンジャーをたててレコーディングしてしまった。そしたら……。

藤本　ジョージ・マーティンは、なぜ待てないのかと失望したそうです。ポールは、メラニー・コーもジョージ・マーティンもがっかりさせたということになりますね。ここでBGMは「ドント・レット・ミー・ダウン」といきたいところですが（笑）。ポールが急遽アレンジを依頼したのは、マイク・リーンダーでした。マイク・リーンダーは、ミック・ジャガーとキース・リチャーズが書いたマリアンヌ・フェイスフルの1964年のデビュー・シングル「アズ・ティアーズ・ゴー・バイ」のストリングス・アレンジを手掛けていますが、そのアレンジが「イエスタデイ」にそっくりと揶揄されてます。そうしたらマリアンヌがビートルズの「イエスタデイ」を65年10月9日（ジョンの25歳の誕生日）に録音し、その曲のアレンジも手掛けました。マイク・リーンダー、やりますよね。しかもそのセッションには、作者のポールが立ち会っていて、その縁で、急遽声がかかったというわけです。

本橋　ポールは、彼のアレンジを気に入っていたんでしょうね。

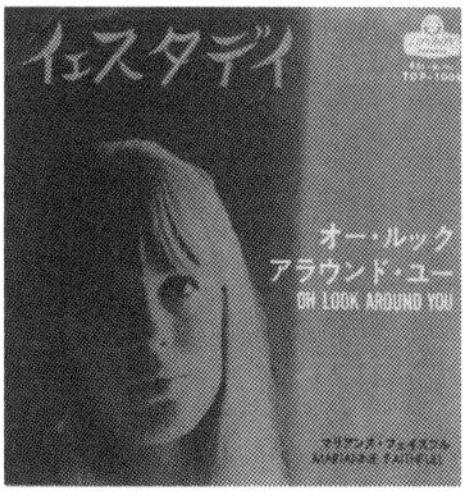

マリアンヌ・フェイスフル「イエスタデイ」の日本盤シングル（1965年）

藤本　声もかけやすかったんだと思います。ジョージ・マーティンも負けてません。１９６５年に「ミッシェル」をヒットさせた、ブライアン・エプスタインのＮＥＭＳがマネージメントしていたデヴィッド・アンド・ジョナサンに「シーズ・リーヴィング・ホーム」を歌わせ、自分でアレンジをしているんですよね。この曲はこうでなきゃ、と（笑）。

本橋　「レディ・ステディ・ゴー」は、ビートルズ人気に火をつけた国内の人気番組でした。ビデオ版では、演奏シーンの後、司会者から尋ねられたジョンが言い放った言葉がとても印象深かった。２０１９年にNetflixが世界配信して大ヒットした『全裸監督』の前段階ともいえる『裏本時代』（現在幻冬舎アウトロー文庫・飛鳥新社／２００５年）は、青春時代の終わりかけの私がアンダーグラウンドの世界に入りかけて、写真隔週誌を創刊させて、挫折する物語なんです。そのときの心の有り様を、『裏本時代』のラストでこんな文章にして載せました。

〈１９６４年イギリスの人気番組だった「レディ・ステディ・ゴー」でビートルズ・ミュージックとは何かと司会者に尋ねられたジョン・レノンが、彼に向かって絶叫したセリフがいまの僕のしめくくりの言葉としてふさわしい。

――そう、僕たちはなんだっていいんだ、なんだって。〉

デヴィッド・アンド・ジョナサン「シーズ・リービング・ホーム」の日本盤シングル（1967年）

半世紀封印された回想録

本橋　ビートルズのすぐそばでときどき映り込む若い女性は何者なのか。ファンの1人だと思っていたら、10年以上前に公開された映画『愛しのフリーダ　ザ・ビートルズと過ごした11年間』（2013年12月7日公開）で正体がわかりました。ファンクラブのスタッフからブライアン・エプスタインとビートルズの秘書になった女性でした。

藤本　『愛しのフリーダ』は、ジョージの映画『リヴィング・イン・ザ・マテリアル・ワールド』に続いてピーター・ホンマさんと字幕監修を一緒にやった映画だったので、思い出深い作品です。

本橋　これもそうでしたか。タイピストとして働いていたフリーダ・ケリーは1962年、キャヴァーン・クラブでビートルズのステージを観て彼らのファンになって、楽屋にまで出入りするようになり、メンバーとも親しくなっていくんですね。

映画『愛しのフリーダ　ザ・ビートルズと過ごした11年間』（2013年）

エプスタインがビートルズをマネージメントすることになり、彼らと親しいフリーダ・ケリーが公式ファンクラブを運営するようになる。最初のうちはファンレターの宛先をフリーダ・ケリーの自宅にしたところ、毎日、山のように手紙が殺到することになる。１９６２年当時、ビートルズは人気があるといっても、地元リヴァプールに限ったものだという認識から抜け出せなかったのでしょう。そこから、熱狂的な渦の中にフリーダ・ケリーも巻き込まれるわけです。いままで何度も回想録を出す誘いがあったけど、断ってきた。それが半世紀過ぎてやっと語る気になった。一番身近にいたから、ビートルズ４人の貴重な姿を証言します。

「エプスタインは超ワンマンだった」。

側近の言葉だから重みが違う。やっぱりかと。

藤本　本橋さんとのこれまでのやりとりからも明らかだと思いますが、ビートルズのような世界的人気グループともなると、スキャンダルも含めて絶対に口外できない話のひとつやふたつは必ずあります。口の堅さがそのまま信頼の深さに繋がるわけで、ビートルズの周辺に一緒に長くいた人物は、それだけ信頼も厚かったということですよね。それでも、たとえばマジック・アレックスとかアラン・クラインとか、特にジョンにすり寄ってくる人物も出てくるので、どこで足元を掬われるかわからない。とはいっても、そういう妙にキャラの立った人物が周辺に登場するので、だからこそ「ビートルズ物語」は面白いんですけどね。

本橋　ヨーコも最初は煙たがられていたわけだし。

藤本　そうなんですよ。ジョンが一緒にいたいと言っているのだからあきらめるしかない、2人の仲を認めるしかない——1968年の『ホワイト・アルバム』のレコーディング開始日にジョンとヨーコをスタジオで見たときは強烈な違和感を覚えたポールが、その光景や雰囲気に何とか慣れていき、1969年1月の「ゲット・バック・セッション」のときには、そう悟るしかないと思うようになったわけですよね。

本橋　意外だったのが「一番熱心にファンのサインに応えていたのはジョージだった」という証言でした。愛想のいいポールかと思っていたら、まさかジョージが。

「ピート・ベストの代わりに加入したリンゴ・スターを一時的な加入だと思っていた」

どこのバンドもドラマーがなかなか固定しないものだけど、ビートルズも例外ではなく、あのリンゴ・スターですら、フリーダには代役的にしか映らなかったという事実。デビュー曲のレコーディングのとき、リンゴのドラミングに不満のジョージ・マーティンが代わりのドラマー、アンディ・ホワイトを呼んでいたことに、当のリンゴはそうとう焦ったはず。

藤本　リンゴは、リヴァプールやハンブルクでビートルズよりも知名度も人気も高かったロリー・ストーム&ザ・ハリケーンズの花形ドラマーで、車も乗りまわしていたというぐらい、デビュー前のビートルズよりは恵まれた境遇だったんですよね。でも、バンドの内部がぎくしゃくしてきたときに声をかけられ、しかもビートルズのほうがギャラが良かったのでピート・ベストに代わって加わったという幸運の持ち主でもあったと。リンゴはその運の良さを、ビートルズ解散時期も間違いなく自覚していた。それが、我慢強く特にジョンとポールを後ろで支えていたリンゴの温かい人柄であり、大きな魅力でもあったと思います。

本橋　映画のエンディングでは、ジョン、ジョージ、エプスタイン、モーリン、リンダ、ニール、……亡くなったメンバー、夫人、スタッフの名前を語り「富と名声なんて関係ないわ」とフリーダが絶句すると、ポールの「アイ・ウィル」が絶妙なタイミングで流れる。時が過ぎたからこそ、50年間封印してきた貴重な回想録が公開されたんでしょう。年をとるのも悪くないと思いました。

藤本　仕事柄、海外の関係者も含め、有名無名を問わずビートルズ繋がりの人に数多く会う機会がありましたが、本当にすごい人は総じて謙虚だなという実感があります。ビートルズのあんなに近くにいたのに、ビートルズを対象化して客観的に語れるフリーダの生き方は、その一方で、「ビートルズに振り回される楽しさ」を体現しているものでもありますね。もちろん「それぞれのビートルズ」があるのは当たり前だし、価値観も人それぞれで違うからこそ面白いわけです。でも、「自分のビートルズ」を守り過ぎたり、「他人のビートルズ」を責めすぎたりするのは、実にナンセンスというか、ユーモアのないことだと。映画の公開を記念して日本にもやってきたフリーダ・ケリーに、トーク・イベント（2013年11月17日開催）やその後の取材で間近で接することができましたが、やはりフリーダは、ビートルズやブライアン・エプスタインに妹分のように可愛がられ、信頼されるだけの器の広さのある誠実な人でした。

本橋　それはいい思い出になりましたね。

藤本　「5人目のビートルズ」は、ブライアン・エプスタインじゃなく、メンバーに信頼されていたニール・アスピノールだと思うと語っていたのが印象的でした。

本橋　ああ、そうだったんですか。

藤本　でも、取材時にピート・ベストについて、つい突っ込んだことを聞いたときだけ、「あなたに何がわかるのか」という雰囲気を感じました。そりゃそうですよね（笑）。

本橋　それは面白い。

藤本　また、トーク・イベントで好きな曲を訊かれ、「アイム・オンリー・スリーピング」「アイ・フィール・ファイン」「ホワイル・マイ・ギター・ジェントリー・ウィープス」「ジス・ボーイ」を挙げていました。「ペニー・レイン」や「フール・オン・ザ・ヒル」や「マジカル・ミステリー・ツアー」も好きみたいです。ちょうどポールの日本公演をやっている時期だったので、フリーダは東京ドームの1階席の前のほうで観たんですが、終わったあとに「昔のほうがやっぱりいいわ」と本音を漏らしてました（笑）。

ブライアン・エプスタインが見た景色

本橋　２０２３年4月に元ジャニーズJr.のカウアン・オカモト氏が日本外国特派員協会で記者会見を開き、ジャニーズ事務所に所属していた15歳から退所まで、ジャニー喜多川元社長から計15回から20回の性暴力を受けていたことを公表しました。それを機に、ジャニー喜多川元社長による性加害問題が急展開になり、今まで見て見ぬふりをしてきたメディアもやっと取り上げだして、遅まきながら被害者の救済が始まりました。

藤本　大きな話題を呼んだ北公次の自伝『光ＧＥＮＪＩへ　元フォーリーブス北公次の禁断の半生記』（データハウス／１９８８年）は、実は本

本橋信宏＝著『僕とジャニーズ』（イースト・プレス／2023年）

北公次＝著『光GENJIへ元フォーリーブス北公次の禁断の半生記』（データハウス／1988年）

橋さんがゴーストライターを務めていたんですね。そして本橋さんは、2023年8月に『僕とジャニーズ』（イースト・プレス）も出しました。

本橋　ショービジネスの世界では同性愛者のマネージャーはそう珍しいものではなく、ご存じのようにビートルズのマネージャー、ブライアン・エプスタインもそうでした。

藤本　『僕とジャニーズ』の刊行記念イベントが阿佐ヶ谷ロフトAで2023年8月15日に行なわれたので、見に行ったら、「エプスタインとビートルズは関係があったんですか？」と、本橋さんに壇上から声をかけられましたね（笑）。

本橋　そうそう（笑）。エプスタインはNEMSエンタープライズというマネージメント会社を立ち上げていました。ビートルズだけをマネージメントしているのではなくて、シラ・ブラック、ビリー・J・クレイマー、ジェリー&ザ・ペースメイカーズなど、錚々たるスターたちとマネージメント契約を結んでいました。エプスタインが配下のタレントたちと一緒に写った写真がありますけど、壮観ですよね。

藤本　エプスタインは、ジャニー喜多川氏と同じくゲイでしたが、イギリスでは御法度だったので、それを公言できずに悶々と（？）生活していました。ジョンがボブ・ディランの影響をもろに受けて書いた「悲しみはぶっとばせ」の原題は“You've Got To Hide Your Love Away”。ゲイであるエプスタインに向けた曲ではないかと言われています。ジョンは

1963年4月28日から12日間エプスタインとスペイン旅行に出かけましたが、キャヴァーン・クラブやラジオのDJとしても知られていた旧知のボブ・ウーラーが、その旅行の件でジョンをからかい、ジョンにぶん殴られるという事件が、よりによってポールの21歳の誕生日、1963年6月18日に起きました。

「奴は、ホモ野郎と侮辱した。だから肋骨をへし折ってやったんだ」とジョンは息巻いていましたが。

本橋　エプスタインの感性なのか、うまく荒くれのビートルズを洗練された4人に変えましたよね。曲が終わると深々と礼をしたり、襟なしジャケットを着用させたり、写真もテディ・ボーイ風ではなくてアイドル的なものに変えていった。

藤本　4人をうまくマネージメントしていたエプスタインでしたが、次第に関係がおかしくなってきたのが1966年ですね。これも『ビートルズ'66』に詳しく書かれていますが、日本公演の後、フィリピンに向かったものの、帰りに彼らは空港で暴行を受けてますよね。マルコス大統領夫人イメルダから晩餐会に招かれたのにすっぽかしたということで、それを聞きつけた一部の暴徒が襲いかかって、帰国の飛行機が飛ばない事態になってしまった。マルコス・イメルダの招きをすっぽかしたっていうのも、招待されたのに、行くとも行かないとも答えなかったと。

本橋　ジャニーズ事務所では考えられない出来事（笑）。

勝本　1966年の初頭は『タレント・フォー・ラヴィング』っていう映画を作る予定があったんですね。でも、それがポシャって、スケジュールが空き、その間に、「イヴニング・スタンダード」紙用にメンバーと親しいジャーナリストのモーリン・クリーヴのインタビューを受けています。そこで飛び出したのがジョンの「ビートルズはキリストより有名だ」発言でした。イギリスでキリスト教が衰退していることを、あくまで客観的視点からジョンはビートルズを引き合いに出して語っただけだったので、イギリスではほとんど問題になりませんでした。ところが、それが7月にアメリカの「デート・ブック」という雑誌に部分的に転載され、保守的な南部を中心にビートルズ排斥運動にまで発展していったんですよね。

本橋　ジョンは、思ったことはなんでも喋ろうとしますからね。

勝本　でも、これも『ビートルズ'66』でわかったんですけど、「デート・ブック」が勝手に転載したのではなかったと。編集長が前の年からジョンと仲が良くなり、トニー・バーロウというビートルズの広報担当者が「デート・ブック」の編集長に、こういう面白い記事があるから載せれば？　と伝えていたんですね。いくらでもいじっていいからと。ところが、そのやりとりを、肝心のエプスタインはまったく知らなかった。

本橋　トニー・バーロウもなんでそんな余計なことをやったんだろう。ビートルズという存在は、既成の価値観を破壊するものとして世間では受けとめられていたから、つい宗教もその流れでやっちゃったのかなあ。

藤本　エプスタインの力が落ちている証拠ですよね。その本には、アルマ・コーガンが亡くなった話も出てきてます。

本橋　アルマ・コーガン！　イギリス出身の歌手で、森山加代子が「恋の汽車ポッポ」というタイトルでカヴァー曲を出したり、坂本九も出してましたよね。なんとなくルックスもハスキー声も森山加代子に似ている気がします。

藤本　アルマ・コーガンは「エイト・デイズ・ア・ウィーク」をカヴァーしたり、ジョージ・マーティンのプロデュースで「イッツ・ユー」という曲を発表したりもしてますが、ジョンの不倫相手だったんですよね。

本橋　ああ、今をときめくブレイディみかこさんが、2015年にイギリスから「ジョン・レノンの愛人が50年の時を経て明らかに！」というコラムを「MOVIEWALKER PRESS」に送稿してますね。前の奥さん、シンシアがジョンとアルマ・コーガンの不倫を知っていたと。

〈「今、冷静に振り返るとジョンがなぜ彼女に惹かれたのかがわかります。アルマは彼より8歳年上で、叔母さん的存在でした。ヨーコも7歳年上だったし、彼女たちはどちらも強いキャラクターでした』〉「MOVIEWALKER PRESS」映画ニュース。

藤本　シンシアの手記『ジョン・レノンに恋して』にも、この話は出てきます。

本橋　ジョンは幼いうちから母が去ってしまい、ミミ伯母さんに育てられたため、マザコンでした。シンシアもそれを指摘していますね。そういうシンシアだってジョンより1歳年上ですよ（笑）。

藤本　年上女に惚れやすいジョン・レノン。アルマ・コーガンが1966年10月26日に卵巣癌のため34歳で死去したとき、ジョンはすごい落ち込みようだったと。

本橋　オノ・ヨーコと知り合ったのもその年でしたね。

藤本　アルマ・コーガンが亡くなった2週間後の11月7日にジョンはヨーコと出会うのだから、その事実も含めて運命的ですよね。『ビートルズ'66』にはポールの浮気相手のことも出てきますが、エプスタインがなぜ自殺したかがわかる本とも言えます。ビートルズがコンサート活動をやめたことで、エプスタインの居場所がなくなっていくんですよね。エプスタインは1966年11月に自殺未遂もしてるし。アメリカの、というかビートルズとしての最終公演となったキャンドルスティック・パークのコンサートでは、コンサート会場にいなくて、部屋に籠っていたと言われていましたが、それについても具体的な記述がありました。エプスタインが1年前に付き合ってたゲイの青年と揉めたあと、そのゲイの青年が改心したとエプスタインに会いにきたら、エプスタインは許して受け入れたと。そうしたら、自分の持っていた荷物とか貴重な品々を全部持ち逃げされたんだそうです。それでエプスタインは、そっちの後始末に追われてビートルズの最終公演を観ることができなかったと。

本橋　なんと間抜けな。

藤本　もうひとつ、ビートルズはフィリピン公演後にインドにちょっと立ち寄るんです。ジョージ以外はそのままイギリスに戻りたかったけど、いったん降りないとダメだと航空会社に言われ、インドにしばし滞在したんですね。そのときに、ビートルズのメンバーがニール・アスピノールと今後について話し合っています。エプスタイン抜きで。ニールから「来年もツアーが決まってるよ」と言われて、4人ともげんなりだったと。それで8月のアメリカ公演を最後にライヴはやめようという話になったそうです。

本橋　この時期は、意欲的なスタジオ・アルバム『リボルバー』も発売されているし、4人の意識は当然スタジオ優先になりますよね。

藤本　エプスタインからライヴを取ったら、ほとんど何も残らないんじゃないかというほど、この時期にすでに影響力が落ちていたということですね。でも、何かやらなければということで、ビートルズがライヴをやめた後、11月と12月にエプスタインは、1965年に賃貸契約を結んでいたロンドンのサヴィル・シアターにフォー・トップスを呼んで興行をやってる

ビートルズよりもモンキーズ？　「ア・デイ・イン・ザ・ライフ」のレコーディング2日後、「ディスク・アンド・ミュージック・エコー」紙のヴァレンタイン・デーの授賞式で、モンキーズのミッキー・ドレンツと言葉を交わす、もみあげを伸ばして精悍なブライアン・エプスタイン。後方にジャニー喜多川氏と同じく、死後、多数の性的虐待が発覚したジミー・サヴィルがいるという、なんとも象徴的な一枚。（1967年2月12日）
©Daily Mirror/Mirrorpix via Getty Images

んですよ。でもそれって結局、ビートルズが公演活動をやめた空虚さを満たさないんですよね。

本橋　それは切ない。

藤本　１９６７年にもエプスタインは日曜にサヴィル・シアターでコンサートを多数開催し、その中には、6月4日にジミ・ヘンドリックス・エクスペリエンスがいち早く「サージェント・ペパーズ・ロンリー・ハーツ・クラブ・バンド」をカヴァーしたコンサートも含まれています。ジミヘンは8月27日にもサヴィル・シアターで2度目のコンサートを行なう予定でしたが、その日にエプスタインが亡くなったため、コンサートは中止になりました。

本橋　事故死とされてますが。

藤本　アスピリンの過剰摂取と表向きには言われていますが、もうつらくてやってられないみたいな遺書も残していますし、エプスタインにとっては「コンサートをやらないビートルズなんて……」という辛すぎる日々だったんでしょうね。

本橋　成功者は孤独だね。

藤本　ビートルズ＝金儲けと割り切れなかったですからね。ジャニー喜多川氏とは似て非なるタイプだった、ということですね。

本橋　天下をとった直後、成功者を覆う、正体不明の鬱。これは当事者でないとわからない心理状態です。ごく限られた人間しか到達できない頂上に立ったとき、見下ろした景色はいったい何だったのか。

藤本　１９６７年11月に「ハロー・グッドバイ」のプロモーション・ビデオがサヴィル・シアターでポール主導で制作されましたが、これ、曲も映像も含めてエプスタインへの追悼としか思えないです。冒頭の“You say,'Yes', I say,'No'/You say,'Stop', and I say,'Go, go, go'”なんて、まるでメンバーとエプスタインとのやりとりのようだし、映像も、襟なし服を着て、過去、つまりはエプスタインへの決別の意を表わしているように思えるんですよね。

ビートルズ「ハロー・グッドバイ」の日本盤シングル（1967年）

おわりに

ビートルズは、人を幸せにする。

NHK-FM「ディスカバー・ビートルズⅡ」の最終回となった「フェアウェル・スペシャル」(2024年3月31日放送)にゲストで出演した際、最後にこんなことを喋った。

中学1年(1974年)の時にビートルズの「シー・ラヴズ・ユー」と「アイル・ゲット・ユー」を意識的に聴いてから、気がつけばもう半世紀になる。「おかげさまで」はジョンの好きな日本語のひとつだが、それからというもの、おかげさまでこれ以上ない「ビートルズ人生」を送れているし、「ビートルズ」を介して多くの人に出会うこともできた。

本書『アンダーグラウンド・ビートルズ』がこうして1冊にまとまったのも、ビートルズが取り持つ縁だ。「はじめに」や「香月利一と落流鳥」(204ページ)で触れられているように、本橋信宏さんと出会えたのも、「ビートルズ一筋」の香月利一さんがいたからこそだ。

ビートルズについての価値観や距離感は、人それぞれ。どこが好きでどこが好きじゃないとか、何が欲しくて何は要らないとか、世界のあらゆる場所で、ビートルズについて、今こうして書いている最中にも間違いなく話題にしている人々がいる。「ビートルズを語っている自分が好き」という人もたくさんいるし、「マウント取り」に忙しい人もいる。千差万別、ありとあらゆる人が「ビートルズ人生」を歩んでいるのだ。

私自身はというと、「事実」にどのくらい「妄想」をまぶしながら、登場人物も含めてあまりに面白い「ビートルズ物語」をさらに楽しむことができるか。あるいは、楽しんでもらえるか。突き詰めて言えば、書いたり、喋ったり、あちこちに行ったりする大きな楽しみはそこにある。そしてそれが、「ビートルズ人生」の幸せにも繋がっているように思う。また、そうすることで人と人との繋がりが生まれ、それが自分にとっての幸せにもなるのだと。

幸せの価値観や尺度もまた人それぞれだが、知っているからエライわけでもないし、持っているからスゴイわけでもない。それに、「事実」と言っても、メンバーが語るから正しいとは限らないし、「事実」と言われていたことが実はそうではないことも多い。表に出てこない逸話もたくさんある。そうした「アンダーグラウンド」なネタの数々を俎上に載せ、「1人おかれた」人物にかぎりない関心があるという本橋さんの「感性」に導かれながら生まれたのが、この『アンダーグラウンド・ビートルズ』だと言ってもいいかもしれない。

本書は、本橋さんと2024年2月に4回対談し、インド・ツアー後、それを元に、超特急でまとめ上げたものだ。どこから球が飛んでくるかわからない本橋さんの縦横無尽な問いかけに対し、瞬時にどう打ち返すか。そのやりとりが刺激的だった。「こだわる場所」の違いも新鮮だったし、引き出しの多い本橋さんならではの言葉の投げかけが何とも心地よく、どんな展開になっていくのか、それも、対談時とまとめの際の大きな楽しみだった。

ひとつ、2023年11月に発売された〝ビートルズ最後の新曲〟「ナウ・アンド・ゼン」についてはは触れられなかったので、やりとりをここで軽く紹介したい。

藤本　初めて聴いたときは、「こんなものかな」と思いました。可もなく不可もなく、と。でも、ミュージック・ビデオを観て、さらに何度も聴いてるうちに、どんどん沁み入るすごくいい曲になりました。何人かの知り合いも「イマジン」的な曲だと言ってましたが、まさに、時代を超えた曲になるんじゃないかなと思ってます。

本橋　名曲も、世に出たときは、評価が定まらない時期がありますよね。でも「ナウ・アンド・ゼン」は、ジョンが亡くなってから合作するのではなくて、生きているうちにやってほしかった。もしもジョンがポールと一緒に「イマジン」を作ってたら、「ア・デイ・イン・ザ・ライフ」のように、ミドル部分にポール作のパートを入れて、曲に変化をもたせて、よりドラマティックになったのでは？　と思います。

藤本　メイ・パンの自伝的映画『ジョン・レノン　失われた週末』（2024年）でも語られ

ていますが、ジョンがウイングスの『ヴィーナス・アンド・マース』（1975年）のレコーディングでニューオーリンズに行き、一緒に曲を書いていたらどうなっていたか？　想像するだけでワクワクしますよね。実現しなかったからガッカリもしますが（笑）。

本が出来上がるまで、過去最大に痺れる展開・綱渡りの連続だったものの、「ビートルズ本」で長年お世話になっている編集の原田英子さんとデザインの松田行正さん＆杉本聖士さん、『ジョン・レノン伝』（2020年）でもお世話になった毎日新聞出版の宮里潤さんとの「超協力体制」で何とか仕上げることができた。やはりビートルズ関連本やイベントなどでご一緒する機会の多い安藤誠さんにも多大なご協力をいただいた。

本橋信宏さんとの、どことなく「レノン＝マッカートニー」的な共著となった、ありそうでなかった奇書（？）『アンダーグラウンド・ビートルズ』。とにもかくにもビートルズは、あらゆる方向でほじくり甲斐があり、ほじくっている最中もまた幸せであるということを、改めて強く認識した。もちろん、そこに欠かせないのは、ユーモアである。

ユーモアも、人を幸せにする。

2024年5月　藤本国彦

藤本国彦（ふじもと・くにひこ）

1961年東京生まれ。音楽情報誌「CDジャーナル」編集部（1991年～2011年）を経て2015年にフリーに。主にビートルズ関連書籍の編集・執筆やイベント・講座・ツアーなどを手がける。主な著作は『ビートルズ216曲全ガイド』（シーディージャーナル）、『ゲット・バック・ネイキッド』（牛若丸／増補新版は青土社）、『ビートル・アローン』（ミュージック・マガジン）、『ビートルズ語辞典』（誠文堂新光社）、『ビートルズはここで生まれた』（CCCメディアハウス）、『ジョン・レノン伝 1940-1980』（毎日新聞出版）、『気がつけばビートルズ』（産業編集センター）。『365日ビートルズ』（扶桑社）。映画『ザ・ビートルズ～EIGHT DAYS A WEEK』『ザ・ビートルズ：Get Back』『ジョン・レノン 失われた週末』『ザ・ビートルズ：Let It Be』の字幕監修も担当。相撲とカレーと猫好き。

本橋信宏（もとはし・のぶひろ）

1956年埼玉県所沢市生まれ。早稲田大学政治経済学部卒。忘れ去られた英雄や、集合写真のキャプションで"1人おいて"とおかれてしまった人物に光をあてる書き手。ノンフィクション、小説、エッセイ、評論と幅広い活動をおこなう。2019年、「全裸監督　村西とおる伝」（新潮文庫／太田出版）がNetflixでドラマ化、世界190ヵ国に配信され、大ヒットを記録する。他に、『上野アンダーグラウンド』『東京の異界　渋谷円山町』（以上新潮文庫）、『歌舞伎町アンダーグラウンド』『高田馬場アンダーグラウンド』『新橋アンダーグラウンド』（以上、駒草出版）、『東京最後の異界　鶯谷」（宝島SUGOI文庫）、『裏本時代』『AV時代』（以上、幻冬舎アウトロー文庫）、『新・AV時代 全裸監督後の世界』（文春文庫）、『心を開かせる技術』（幻冬舎新書）、『僕とジャニーズ』（イースト・プレス）など多数。

編集	原田英子＋藤本国彦
ブックデザイン	松田行正＋杉本聖士
写真提供	Getty Images（P.21, P.90, P.123, P.133, P.247） 毎日新聞社（カバー、オビ、表紙、P.17, P.25, P.42, P.117）
著者撮影	高橋勝視（毎日新聞社／P.14, P254上） 山﨑 凌（P.254下）
協力	安藤 誠＋宮里 潤

アンダーグラウンド・ビートルズ

印　刷　2024年5月25日
発　行　2024年6月 5 日

著　者　藤本国彦《ふじもとくにひこ》　本橋信宏《もとはしのぶひろ》

発行人　小島明日奈

発行所　毎日新聞出版
〒102-0074
東京都千代田区九段南1-6-17 千代田会館5階
営業本部　03-6265-6941
図書編集部　03-6265-6745

印刷・製本　中央精版印刷

ISBN 978-4-620-32806-5